KB235604

전종준 변호사의
미국비자, 미국이민

| 학생 비자를 중심으로 **미국 이민법** 쉽게 알기 |

| **전종준** 지음 |

프라미스

 **RECOMMENDATION**

MEMBER OF CONGRESS
11TH DISTRICT, VIRGINIA

GERALD E. CONNOLLY

March 1, 2010

Dear Reader,

I am writing to congratulate Mr. Jong-Joon Chun on the publication of his newest book.

Mr. Chun has written nine previous books on United States immigration law. That is a truly impressive feat! His works have helped countless Koreans navigate the complicated United States immigration system. Here in the 11th Congressional Distrct, Asian-Americans are a large and vibrant of our community and time after time, I have heard stories of their friends and family members struggling to understand the immigration system here in the United States.

Mr. Chun's newest work is an easy to understand guide for individuals to obtain non-immigrant Visas, immigrant Visas, and citizenship. It is in a question/answer format with examples of cases to clarify the legal process. Company transferees, students, visitors, investors and anyone interested in the visiting the United States from Korea for legitimate reasons are able to read the book and understand what kind of Visa is best for them.

As a member of the House of Representatives Committee on Foreign Affairs, I understand how important Korean immigrants are to our regional and national economy. Mr. Chun's efforts have gone a long way toward making the immigration process understandable and more easily navigated. Furthermore, I have been made aware that Mr. Chun will be the first Korean-American to publish a book on United States immigration law in Korea. For that, I congratulate him.

Sincerely,

Congressman Gerald E. Connolly
11th District, Virginia

GC/PC

독자들에게

저는 전종준 변호사의 새 책 출간을 축하하기 위하여 펜을 들었습니다.

전 변호사는 이미 미국 이민법에 관하여 아홉 권의 책을 집필한 바 있습니다. 이러한 업적은 진정으로 놀라운 성과가 아닐 수 없습니다! 전 변호사의 업적은 수많은 한인들이 복잡한 미국 이민법 시스템을 극복할 수 있도록 도움을 주었습니다. 이곳 제11연방 하원 지역구에는 아시아계 미국인들의 규모가 크고 또한 역동적인 지역 공동체의 일원이며, 그리고 그들의 친구들과 친척들이 이곳 미국의 이민법 시스템을 이해하기 위해 힘겨워한다는 소식을 많이 들어왔습니다.

전종준 변호사의 새 책은 비이민 비자, 이민 비자 및 시민권을 얻으려는 개개인의 쉬운 이해를 돕기 위한 지침서입니다. 본 책은 질문과 대답 형식으로 되어 있으며, 법적인 절차를 명료하게 설명하기 위한 다양한 사례들을 싣고 있습니다. 주재원, 학생, 방문자, 투자자, 그리고 한국으로부터 미국으로의 방문을 희망하는 정당한 이유를 가진 분이라면 이 책을 읽고 과연 어떤 비자가 그들에게 가장 적합한 비자인지를 이해할 수 있을 것입니다.

미 하원 외교 분과 위원회의 일원으로서, 저는 한인 이민자들이 지역과 나라 경제에 얼마나 중요한 일원인지 잘 알고 있습니다. 전변호사의 노력은 이민법 절차의 이해와 탐색을 보다 쉽게 해 주었습니다. 더욱이 저는 전종준 변호사가 한국계 미국인으로서 한국 최초로 미 이민법을 출간한 것을 알고 있습니다. 이러한 노력에 대해, 그에게 축하를 보내는 바입니다.

2010년 3월 1일
제럴드 E. 커널리, 미 연방 하원의원
버지니아 제11 연방 하원 지역구

"이어지는 불경기, 숨 가쁜 취직난."

우리는 가능성의 문을 향하여 눈을 돌려야 합니다.

2009년 국토안보부의 통계에 따르면, 미국에 유학하고 있는 한국 학생의 숫자는 103,889명으로 중국에 이어 2위를 기록하고 있습니다. 1위가 중국, 2위가 한국, 3위가 인도, 그리고 4위가 일본입니다.

그전 해까지만 해도 한국이 1위였는데, 중국이 1위를 차지하게 되었습니다. 많은 아시아인들이 미국으로의 유학을 선호하는 것은 미국 학교의 철저한 학사 관리와 교수들의 헌신적인 가르침이 있기 때문입니다.

그러나 그보다 더 중요한 이유는 언어와 문화가 다른 세계에서 오는 많은 유학생들을 만남으로써 학구적인 것보다 더 값진 그 이상의 것을 얻기 때문입니다.

글로벌 시대에 사는 우리는 나 자신의 끊임없는 발전도 중요하지만, 나와 다른 사람들을 이해하고 그들과 함께 이루어 나가는 방법을 배우는 것 또한 중요합니다.

또한 2009년 미 연방 상무부 산하 관광산업청이 공개한 미 입국자 수 통계에 따르면, 한국은 743,846명이 방문하여 전 세계에서 아홉 번째로 방문자 수가 많습니다. 아시아에서 한국보다 미국 방문이 많았던 나라는 2,918,268명인 일본으로, 세계 4위를 차지했습니다.

그만큼 미국은 공부하고 싶은 나라, 가 보고 싶은 나라로 자리잡고 있습니다.

이러한 많은 관심과 대중성에도 불구하고 확실하고 체계적인 정보를 얻기는 쉽지 않습니다. 많은 사람들이 미국에 가서 새로운 세계를 접하고 도전하고 싶어서 본인에게 맞는 미국 입국의 방법은 무엇인지 어떻게 도전해야 하는지를 궁금해합니다.

요즈음은 인터넷으로 많은 정보를 얻을 수 있다고 하지만, 일부는 그릇된 정보일 수도 있고 사람마다, 형편마다 다른 비자의 성격을 대충 어림잡아 준비하기 시작하다가는 경제적, 시간적 손해를 많이 볼 수 있습니다.

9·11 테러 이후 수시로 바뀌는 미국 이민법(특히 F-1 학생 비자 규정)은 미국에 문을 두드리는 많은 이들에게 커다란 장벽이 되고 있습니다.

최근 바뀐 F-1 규정과 실제 유학 생활에서의 주의점 등에 대해 정확한 정보를 얻기 어려워, 유학 준비생 여러분들이 혼동을 겪고 있습니다.

그리하여 필자는 미국 이민법 변호사로서 오랜 경험과 지식을 여러분과 나누고, 미국 현지 유학생과 유학 준비생을 돕고자 이 책을 쓰게 되었습니다.

이 책의 특징은 학생 비자(F-1)를 중심으로 다른 비이민 비자와 이민 비자를 체계적으로 설명하여 이민법을 한눈에 볼 수 있도록 한 것입니다. 이 책은 한국뿐 아니라 세계 각국에서 미국 입국을 원하시는 모든 분들을 위해, 최신 미국 이민법을 Q&A와 체험담, 법 상식, 어드바이스 등으로 알기 쉽게 요약, 정리하여 이해를 돕게 하였습니다.

이 책을 통하여 미국 이민법의 대중화와 전문화에 조금이나마 기여하기를 바라는 마음 간절합니다.

끝으로 이 책의 출판을 위해 수고해 주신 쿰란출판사 직원들께 감사 드리고, 저자의 인세는 자선 사업에 쓰여질 것입니다.

2011년 봄에
워싱턴 근교 로펌 사무실에서
전 종 준

IV. 미국 생활 정보

I

학생 비자

Student Visa

전종준 변호사의 미국 비자, 미국 이민
-학생 비자를 중심으로 미국 이민법 쉽게 알기-

1. 학생 비자(F-1)란?

학구적인 목적

⋮

교육 기관 등록의 목적

미국 유학의 꿈. 이는 비단 학생뿐만 아니라 많은 학부모의 가장 큰 관심사가 아닐 수 없습니다. 그만큼 자녀 교육이 매우 중요하기 때문입니다.

그러나 9·11 테러 이후 미 이민법 중에서 가장 많이 수정되고 한층 강화된 부분이 바로 F-1 비자라는 것을 결코 잊어서는 안 되겠습니다. 그 이유인즉, 테러범 중 일부가 미국 내에서 F-1 비자 변경 수속을 밟았기 때문입니다. 이에 따라 미 국회는 F-1비자에 대한 규정의 대폭적인 수정과 엄격한 심사 기준을 마련했고, 유학생 감시 시스템 제도를 도입하게 되었습니다. 이럴 때일수록 복잡하고 까다로워진 F-1 비자에 대한 바른 이해가 있어야만 성공적인 미국 유학을 보장할 수 있습니다.

F-1 비자의 목적은 미국 내에서 학구적인 공부(academic study)를 위해 초등학교, 중학교, 고등학교, 대학교, 대학원 등을 총망라하는 교육 기관에 등록(enrollment)하고자 하는 것입니다.

Q & A

Q: 일반 학교가 아닌 언어 연수 학교(language school)도 F-1 비자가 가능합니까?

A: 예, 가능합니다.

Q: 직업 훈련 학교에서도 F-1 비자를 받을 수 있나요?

A: 받을 수 없습니다. 그 이유는 직업 훈련 학교가 학구적인 과정이 아니기 때문입니다.

Q: 교환 연수 비자(J-1)로도 공부를 할 수 있습니까?

A: 예, 그렇습니다. 그러나 교환 연수 비자는 I-20 대신에 DS 2019라는 서류를 받아야 하고, 2년 본국 귀국 의무가 있는 등 까다로운 조건이 있어 매우 다릅니다.

Q: 입학 허가서(I-20)는 아무 학교에서나 받을 수 있습니까?

A: 아닙니다. 반드시 미 국토안보부의 미 이민관세집행국(ICE)의 승인을 받고 유학생 감시 시스템(SEVIS)을 운영하는 학교의 입학 허가서를 받아야 합니다.

Q: 미 공립학교와 사립학교에 차이가 있습니까?

A: 대학일 경우에는 차이가 없으나, 초 · 중 · 고등학교일 경우에는 공립학교 입학에 제한이 있습니다.

체험담 : M-1용 I-20와 F-1용 I-20의 차이점

갑돌이는 I-20를 발행해 주는 학교를 찾아야 한다는 것을 알고 학교 수속을 했습니다. 그러던 중 한 학교에서 I-20를 줄 수 있다고 하여, 모든 입학 수속 절차를 마치고 미국 학교로부터 입학 허가서를 받았습니다. 갑돌이는 I-20를 가지고 F-1 비자를 신청했다가 비자가 거절되고 말았습니다. 갑돌이가 받은 입학 허가서는 직업 훈련 학교에서 받은 I-20라 직업 훈련 학생 비자(M-1)밖에 신청할 수 없는 것이었습니다. 직업 훈련 학교의 I-20와 일반 학교의 I-20가 같아 보이기는 해도 법적으로는 완전히 다른 비자 종류이니, 학교 신청을 하실 때는 이 점을 주의하셔야 합니다.

SEVIS란 Student and Exchange Visitor Information System 의 약자로 학생 비자(F-1), 직업 학생 비자(M-1), 그리고 교환 연수 비자(J-1) 소유자들을 관리, 감시하는 시스템입니다. 9·11 테러 이후 시작된 새로운 유학생 감시 시스템으로, I-20 설명 시 더 구체적으로 다룰 것입니다.

F-1 비자는 받는 것뿐만 아니라 그 비자를 유지하는 것 또한 중요합니다. 따라서 불법 체류가 되지 않도록, F-1 비자의 연장(extension), F-1 비자 회복(reinstatement), 유예 기간(grace Periods), 보고 의무(reporting requirement)에 관한 이슈 등도 항상 미리 염두에 두고 있어야 합니다.

2. 학생 비자의 조건

1) 합법한 유학 목적

학생(F-1)비자 신청자는 일정 기간 미국에 체류하면서 교육 기관에서 영어 및 다른 공부 과정을 이수하는 것을 목적으로 합니다. 따라서 학구적인 목적 외에 취업이나 장기 체류의 수단으로 사용할 경우 F-1 비자의 목적 위반이 될 수 있습니다. F-1 비자의 목적이 미국에서 의도하는 학구적인 공부를 마치고 반드시 귀국하는 것인 만큼, 자신의 유학이 도피 유학이 아닌 진정한 학문 연구임을 강조해야 합니다.

Q & A

Q: 합법한 유학 목적을 어떻게 밝힙니까?

A: 미국 유학을 빙자한 입국 기도가 아님을 밝히기 위해서는 입학하고자 하는 학교를 선택한 이유와 지역적 장점, 그리고 미국에서 처음 시작하는 학교로서의 적합성 등 자신의 앞날의 진로에 맞게 설명하는 것이 필요합니다. 그리고 본인의 현재 직업과 신분이 미국 유학과 어떤 연관성이 있고, 장래 커리어에 어떻게 기여할 것인지 밝히면 됩니다.

Q: 두 명의 어린 자녀를 동반하여 F-1비자를 신청할 수 있습니까?

A: 예, 할 수 있습니다. 그러나 본인의 공부 목적을 분명히 밝힐 수 있어야 합니다. 그렇지 않을 경우 두 자녀를 공립학교에 무료로 보내기 위한 수단으로 엄마가 F-1 비자를 신청했다고 의심받을 수도 있습니다.

Q: 만약 의심을 받았을 경우 어떻게 하면 됩니까?

A: 자신의 확고한 공부 목적을 정당화하시면 됩니다. 그리고 두 자녀가 꼭 엄마와 함께 있어야 하는 가정 상황을 밝히시면 됩니다.

Q: 그래도 의심을 계속할 경우에는 어떻게 합니까?

A: 만약 경제적 여건이 허락되신다면, 자녀들을 미국의 사립 학교에 입학시키는 방법도 있습니다.

Q: 공립학교 유학 금지안이란 무엇입니까?

A: 1996년 불법 이민 개혁 및 이민자 책임 법안 중에 F-1 비자에 대한 규제안이 포함되어 있습니다. 이 규제안은 일명 "낙하산 학생"(parachute Student) 규정이라고 부르는데, 이에 의하면 초·중·고등학교의 조기 유학생이 사립학교로 입학해서 F-1 비자를 받은 학생이 수업료를 내지 않기 위해 "낙하산을 타듯" 공립학교로 편입할 경우, F-1 비자 신분 위반에 해당됩니다.

Q: 여기에서 공립학교란 무엇을 뜻합니까?

A: 일반 초·중·고의 공립학교뿐 아니라 공공 보조금으로 운영되는 성인 교육 과정이나 성인 언어 연수 과정까지 포함합니다.

Q: 대학의 경우, 주립대학과 사립대학의 차이는 있습니까?

A: 대학에 입학할 경우에는 주립대학이나 사립대학의 차이 없이 I-20를 받을 수 있습니다.

 **체험담 : 공립학교로의 전학과 주의점**

갑순이는 미국 사립고등학교로 F-1비자를 받고 온 학생으로서, 1년에 30,000달러가 넘는 학비가 부담되었습니다. 친척의 소개로 공립학교로 옮기면 수업료를 전혀 내지 않아도 된다고 하여 공립학교로 옮겼습니다. 미국 공립학교에서는 신분에 관계없이 입학시켜 주기 때문에, 입학하는 데는 별 문제가 없어서 잘되었다고 착각하게 되었습니다.

그러나 갑순이는 I-20를 새롭게 받지 않았기 때문에, 불법 체류자가 되고 말았습니다. 갑순이는 고등학교를 졸업했다 하더라도 불법 신분이 되었기 때문에 대학 진학이 어렵습니다. 또한 만약 갑순이가 한국에 돌아간 경우에는 5년간 미국 재입국을 할 수 없게 됩니다.

 **법 상식 : 자녀들의 학교 입학**

F-1 비자 소유자의 동반 가족(F-2), 주재원(L-1)의 자녀, 투자 비자(E-2)의 자녀, 외교관(A-1)의 자녀 등 다른 비이민 비자 소유자의 자녀는 공립의 초·중·고등학교에 재학할 수 있습니다.

 **어드바이스 : 공립학교를 통한 조기 유학**

공립학교를 통한 조기 유학이 가능한 예외 조항이 있습니다. 공

립학교로 입학하더라도 수업료를 내고, 1년 미만 동안만 입학할 경우 가능합니다. 1년이 지나면 다른 사립학교로 전학해야 하므로, 조기 유학생은 처음부터 사립학교로 입학하는 것이 좋습니다.

2) 본국으로의 귀국 의사

F-1 비자는 비이민 비자 중의 하나입니다. F-1 비자의 취지가 미국에서 학업을 마친 뒤 본국으로 귀국하는 것인 만큼, 미 대사관에서 인터뷰 시에 신청자가 공부를 마친 뒤 반드시 한국으로 돌아올 것인지를 확인해 봅니다. 아무리 F-1 비자 요건을 충족시켰다 할지라도, 신청자가 미국에서 장기 체류나 영주할 의도가 있다고 판단될 경우, 비자 발급을 거부할 수 있습니다.

인터뷰 시에 이런 점에 있어서 말을 실수하여 비자를 거부당하는 사례가 많으니, 각별히 유의하시기 바랍니다.

Q & A

Q: "공부를 마친 뒤 무엇을 할 것입니까?"라는 질문을 받으면 어떻게 해야 합니까?

A: 본인의 사정에 맞게 본국으로 귀국한다든지 혹은 상급 학교로 진학한다는 등 자신의 의도를 명백히 밝혀야 합니다. 답변을 주저하면 의심받을 수도 있습니다.

Q: 영어 연수 학교로 입학하는 학생은 어떻습니까?

A: 영어 연수가 끝난 뒤, 곧바로 학사 과정이나 석사 과정으로 진학하여 공부를 계속한다고 말하면 됩니다. 영어 연수 후 본국으로 돌아와 취직할 경우에는 그 계획을 밝혀 주면 됩니다.

Q: 본국 귀국 의사를 증명하기 위해 주의할 점은 무엇입니까?

A: 미국에서 공부하는 중에 취업할 의사가 있다든지 혹은 영주권 신청을 할 의도를 나타내면 F-1 비자를 받을 수 없습니다. 따라서 학업을 마친 뒤에 귀국하여 학교나 기업체 혹은 연구소에서 활동하겠다는 장래의 계획을 조리 있게 밝혀 주면, 인터뷰에 무난히 통과할 수 있습니다. 그리고 귀국 후에 취직하고 싶은 직장의 구체적인 이름과 부서까지 준비하여 제시한다면, 인터뷰에 어려움이 없을 것입니다.

Q: 공부가 끝나면 얼마 만에 귀국해야 합니까?

A: 학위 과정 졸업 후 60일 이내에 귀국해야 합니다. 60일이 넘을 경우, 불법 체류가 됩니다.

Q: 만약 학위를 못 마치고, 공부하는 도중에 포기하고 돌아올 경우 얼마 만에 돌아와야 합니까?

A: 이럴 경우에는 15일의 유예 기간이 있습니다. 귀국 이삿짐 정리와 이사에 소요되는 시간을 감안하여 가능하면 곧장 귀

국하는 것이 바람직합니다.

Q: 만약 제때 귀국하지 않으면 어떤 불이익이 있습니까?

A: 합법적인 체류 기간을 넘기면 불법 체류가 되어, 다음번에 미국 재입국을 시도할 이민법 상의 불이익을 당할 수 있습니다. 따라서 공부를 마친 뒤에는 귀국 의무를 반드시 지키는 것이 장기적으로 도움이 됩니다.

Q: 영어 연수를 위해 미국 유학을 신청할 경우, 한국에서도 영어 공부를 할 수 있다는 이유로 비자가 거부될 수 있습니까?

A: 아닙니다. 미국의 문화와 본토 영어, 그리고 미국 영어 연수는 미국인을 직접 접할 수 있는 산 교육의 기회입니다. 그리고 다른 조건이 충족되면, 영어 연수 이유 하나만으로 거절할 수 없습니다.

Q: 한국에서는 취직하기가 힘든 전공 분야로 유학을 해도 F- 1 비자를 받을 수 있습니까?

A: 예, 그렇습니다.

Q: 한국 대학에서 컴퓨터 전공이 가능한데, 미국대학에서 컴퓨터를 전공해도 F-1 비자를 받을 수 있습니까?

A: 예, 그렇습니다.

 ### 체험담 : 학생비자 인터뷰의 실패

F-1 비자 인터뷰를 하던 중, 미 영사가 "공부를 마친 뒤 무엇을 하시겠습니까?"라고 물었습니다. 비자 신청자는 공부를 마친 뒤 남아서 미국을 위해 일해 주면 더 좋은 인상이 남을 것으로 생각했습니다. 그래서 "공부를 마치면 미국에 남아서 일하고 봉사하겠습니다"라고 했던 것입니다.

결국 그 학생은 본국으로의 귀국 의사가 없다고 판정되어 F-1 비자가 거부되었습니다. 만일, 그 학생이 공부를 마친 뒤 본국으로 돌아와 희망하고 있는 기업이나 학교에서 자신의 전공을 활용하고 싶다고 대답했다면, 이런 일은 일어나지 않았을 것 입니다.

 ### 법 상식 : 거절된 학생 비자의 재심 청구

앞의 학생처럼, 본국으로의 귀국 의사가 의심받았을 경우에는 영사에게 재심을 요청할 수 있습니다. 원래 영사는 학생의 지금 현재의 공부 의도에 역점을 두어야지, 학생의 먼 훗날의 목표에 치중하면 안 됩니다. 따라서 현재의 학업의지를 확실히 밝혀 주는 것은, 영사에게 본국으로의 귀국 의사를 증명할 수 있는 한 방법입니다.

 ### 어드바이스 : 본국으로의 귀국 증명 방법

본국으로의 귀국 의사를 밝히기 위해서는 본인의 직업, 학생 신

분 상태, 가족 관계 그리고 재산 소유 여부가 중요합니다. 부모님
의 직업과 재산 상태, 그리고 사회적 위치도 고려됩니다. 그러나
그 무엇보다도 본인의 확고한 유학 목적이 최우선입니다.

3) 충분한 재정 능력

미국 유학을 위한 학비와 생활비를 감당할 수 있는 재정 능력을
밝혀야 F-1 비자를 받을 수 있습니다. 그 이유는 F-1 비자 신청자
는 반드시 본국에서 학비를 보내와서 공부를 해야지, 미국 내에서
취업하면서 학비를 조달하는 것은 F-1 비자 위반이기 때문입니다.
따라서 F-1비자 신청자는 본인이나 가족, 혹은 정부 기관을 통해
재정적 지원이 가능함을 증명하면 됩니다.

Q & A

Q: 정확한 학비와 생활비는 어떻게 압니까?
A: I-20를 보면, 학생의 공부 과정에 필요한 학비와 생활비를
　　포함한 액수가 적혀 있습니다. 그 액수를 커버할 수 있는 재
　　정 능력을 보여주면 됩니다.

Q: 충분한 재정 능력을 어떻게 증명합니까?
A: 본인의 세금 보고서나 은행 잔고 증명서를 제출하여 I-20상

에 언급된 경비를 지출할 수 있는 재정적 능력을 보여주면
됩니다.

Q: 본인의 재정 능력이 없으면 다른 방법은 있습니까?

A: 본인이 학생이라 재정 능력이 없을 경우, 부모님의 재정으
로도 가능합니다. 부모님이 전문직이나 기업체 간부, 혹은
개인 사업체 주인으로서 소유 재산이 충분할수록 재정 보증
이 확실해집니다. 부모님의 재정 보증서와 은행 잔고 증명
서를 제출하면 됩니다.

Q: 만약 부모님이 없거나 부모님의 재정이 부족할 때 어떻게
합니까?

A: 비자 신청자의 직계 가족의 재정 상태가 부족할 경우에는,
가까운 친척이나 제3자들로부터 재정 보증을 받을 수도 있
습니다. 물론 재정 보증자의 재정이 충분해야 하고 재정 보
증자와의 관계, 그리고 재정 보증의 사유와 정당성을 밝힐
수 있어야 합니다.

Q: 부모가 없거나 이혼한 경우, 혹은 부모의 직업이 불확실할
경우에도 비자를 받을 수 있습니까?

A: 힘들 수 있습니다. 부모의 직업의 안정성이 없기 때문에 학
생의 본국 귀국률 또한 낮다고 인정할 수도 있습니다. 그러
나 확실한 제3자의 재정 보증과 본인의 뚜렷한 학업 목적을

통해 극복할 수도 있습니다.

Q: 미국 대학에서 장학금이나 그외의 학자금 혜택을 받을 수
있습니까?

A: 현재 미국에서는 외국 학생에게 장학금이나 융자 등의 혜
택이 매우 제한되어 있습니다. 특히 대부분의 장학금이 미
국 시민권을 가진 학생들에게 제한되어 있고, 특정한 인종
이나 전공 분야로 한정하는 경우가 많습니다. 하지만 사립
대학의 경우는 내외국 학생의 구분 없이 제공하는 입학 장
학금(entrance scholarship)이나 전학 장학금(transfer scholar-
ship)이 많이 있으므로 고등학교나 대학교의 학업 평점(GPA)
에 자신이 있는 분은 사립대학을 중심으로 장학금을 찾아보
시기를 권합니다.

또한, 학교 입학 후 학업 평점(GPA)이 3.2(4.0이 만점인 경우)
이상이 되어야 장학금을 지속적으로 받을 수 있습니다. 학
교에 따라서는 학업 평점(GPA)을 3.5 이상 유지할 경우 기
숙사 비나 식비까지 제공하는 경우도 있습니다. 그러나 처
음 유학 준비 시점부터 장학금을 염두에 두고 총소요 유학
자금을 예상하고 계산하는 것은 위험한 생각이므로 충분한
유학   자금을 준비한 후 유학 계획을 세울 것을 권합니다.

법 상식 : 학교 보조금

미 대학에서 제공하는 장학금, 연구 보조금(assistantship grants), 특별 연구비(fellowship) 등은 유학자금의 재정능력이 될 수 있습니다. 그 이유는 이러한 학교 보조금은 취업으로 간주되지 않기 때문입니다.

어드바이스 : 재정 능력

재정 능력을 밝히는 자금은 본인이 직접 소유하고 있지 않아도 됩니다. 위의 보조금과 같이 앞으로 자금 유용의 가능성(availability of funds)만 보여주어도 됩니다.

어드바이스 : 유학 준비 전 재정 능력부터 고려

유학 준비를 하기 전에 학위 과정에 소요되는 경비를 먼저 알아보고, 확실한 재정 보증 상태를 확인한 후에 유학 계획을 세워야 합니다. 그렇지 않으면, 학교 수속을 다 마쳤다고 하더라도 미 대사관에서 F-1 비자가 거절되고, 모든 수속 절차가 헛수고가 될 수도 있기 때문입니다.

4) 학업 수행 능력

학업 수행 능력이란 학교 공부를 풀타임으로 유지해야 함을 뜻합니다. 학교 등록을 풀타임으로 하지 못할 경우, F-1 비자 위반이 되어, 불법 체류가 되고 F-1 비자를 상실하게 됩니다.

따라서 성공적인 미국 유학을 위해서라도 학업 수행 능력을 무시해서는 안 됩니다. 먼저 대학의 경우, 한 학기나 쿼터에 최소한 12학점을 등록해야 풀타임이 됩니다. 대학원의 경우에는 최소한 9학점을 등록해야 합니다. 초 · 중 · 고등학교의 경우에는, 학교의 학사 일정이 풀타임입니다. 그러나 박사 과정이나 리서치 과정 등은 학위 과정에 따라 규정이 다르므로, 학교 측에 문의해야 합니다.

풀타임으로 등록하였더라도, 결석이 너무 많든지, 성적이 매우 불량할 때는 학교 측에서 이민국에 보고하여 F-1 비자 신분을 취소시킬 수도 있습니다. 이에 관한 해당 학교의 규정을 미리 문의하여, F-1 비자 위반에 해당되지 않도록 주의해야 합니다.

Q & A

Q: 방학 중에도 풀타임 등록을 해야 합니까?

A: 다음 학기에 등록할 의사만 있으면 방학 중에는 등록하지 않아도 됩니다.

Q: 온라인 수업도 가능합니까?

A: F-1 비자 소유자는 한 학기에 한 과목이나 3학점의 온라인
   수업을 들을 수 있습니다.

Q: 영어 연수를 온라인으로 할 수 있습니까?

A: 영어 연수는 온라인으로 할 수 없습니다.

Q: 풀타임을 파트타임으로 줄일 수는 없습니까?

A: 가능합니다. 대학의 경우, 학교의 허락을 받으면 1년에 단
   한 번 6학점으로 줄여 줄 수도 있습니다.

체험담 : 보고되지 않은 과목 포기(drop)

특히 12학점을 등록하면 3-4과목 정도를 수강하게 되는데, 학점
관리를 위해서 상대적으로 성적이 나쁜 한 과목을 포기(drop)해야
할지를 고민해야 할 때도 있습니다. 실제로 풀타임으로 등록한 한
학생이 한 과목이 너무 어렵다고 F학점을 받을 것을 두려워해서,
그 과목을 포기하였습니다.

그런데 이 학생의 한 학기 총 수강 학점이 12학점에 미달한 것
을 인지한 국제 학생 조정관(International Coordinator)은 이 학생을
이민국에 보고하였고, 이로 인해 그 학생은 풀타임이 안 되어서 학
생 신분을 잃고 말았습니다. 한 학기 총 수강 학점에 변동이 예상
되는 경우, 반드시 학교의 국제 학생 조정관에게 합리적인 이유를

설명하고, 상담 후 수강 학점을 조절할 것을 권합니다.

⚖ 법 상식 : 학생 신분 회복

풀타임 등록을 못해 학생 신분 위반이 된다 할지라도, 조건이 허락되면 F-1 비자 신분을 다시 회복할 수 있는 절차(reinstatement to student status)를 밟을 수도 있습니다.

📄 어드바이스 : 파트타임 등록의 사유들

유학 생활 중 교통사고를 당했거나 향수병에 의한 우울증으로 고통을 받아 수업에 지장이 있을 경우, 의사의 진단서를 첨부하여 파트타임 신청이 가능합니다. 따라서 의료에 의한 특별한 사유가 발생했을 경우에는 언제든지 학교에 보고하여 F-1 비자 신분 위반을 미리 막는 것이 좋습니다. 임신을 한 경우나 병원에 입원하는 등의 사유가 있을 때는 학교 측의 허락을 받아 휴학 신청도 가능합니다.

또한 유학생의 영어 능력이 부족하거나 너무 어렵고 적합하지 않은 과목 선택(improper course level selection)으로 파트타임을 신청할 경우, 국제 학생 조정관은 주어진 재량권 내에서 해당 과목 포기를 허락할 수도 있습니다.

3. 유학 전 고려 사항

1) 조기 유학

조기 유학이라고 하면 흔히 초·중·고등학교 학생의 유학을 의미합니다. 한국의 초·중·고등학생들 중 미국 조기 유학에 관심이 있는 학생들의 숫자는 꽤 많은 편입니다. 영어 교육이 활성화됨에 따라 한국 내 어학원을 찾는 학생들이 급속히 늘어가고 있으며, 어학원 등에서 상담을 받고 유학을 결정하기도 합니다. 개인적인 유학뿐만 아니라, 중·고등학생들을 위한 학교를 통한 교환 학생 프로그램이나 1년 혹은 2년 동안의 단기 유학 프로그램도 매우 활성화되고 있습니다.

Q & A

Q: 조기 유학의 장점은 무엇입니까?

A: 학생들이 미국에서 행복한 학창 시절을 보낼 수 있다는 것입니다. 미국에서는 과외나 입시 지옥이란 단어가 없기 때문에, 자유로운 환경 속에서 학교를 다니면서, 운동과 다른 교외 활동 등에 참여할 수 있습니다. 또한 조기 유학이 빠르면 빠를수록, 완벽한 영어 구사력을 갖추게 될 것입니다.

Q: 조기 유학의 단점은 무엇입니까?

A: 어린 나이에 부모와 떨어져서 혼자 공부하는 것이 정서상 불안정할 수도 있다는 것입니다. 조기 유학생 중에 학교에서의 문화적 차이 때문에 학교에서 퇴학을 당하거나, 정학을 당하는 경우도 있습니다. 또한 학교 친구들과 싸우거나 나쁜 욕설을 심하게 할 경우, 학교 규칙에 의해 즉시 처분을 받기도 합니다.

Q: 조기 유학을 성공적으로 하려면, 어떻게 해야 합니까?

A: 조기 유학을 위한 학교는 기숙사 시설이 있는 학교로 하는 것이 좋습니다. 그렇지 않으면 가디언(guardian)을 따로 찾아야 합니다. 간혹 가디언과의 불화로 학생의 공부에 지장이 생기고 가정 문제까지 번지는 경우도 있습니다. 결국 조기 유학은 각 가정의 상황과 경제적 현실을 고려한 뒤, 조기 유

학의 타당성 여부를 진단하는 것이 바람직합니다.

2) 학교 위치 선택

기후

⋮

생활비

⋮

공부 여건

　미국 유학을 하고자 할 때 주로 유학원이나 인터넷 정보에 의존하는 경우가 많습니다. 대부분의 경우 처음 유학을 가려고 하는 학교의 지역에 대한 사전 지식이나 이해가 많이 부족한 편입니다. 따라서 유학할 학교를 정하기 전에 학교가 위치하고 있는 지역에 대한 연구와 더불어, 본인의 상황과 여건을 충족시켜 줄 수 있는지 알아보는 것이 중요합니다.

　아무리 좋은 학교라 할지라도, 잘못된 지역의 학교 때문에 유학에 실패하는 경우가 종종 있습니다. 예를 들면, 막상 학교에 도착하니 범죄 다발 지역 한가운데 있거나, 시골의 허허벌판에 위치해 있는 경우도 있습니다. 학교의 위치가 중요한 이유는 그곳의 기후와 생활비 수준, 그리고 학업에 미치는 영향과 밀접하게 관련되어 있기 때문입니다.

Q & A

Q: 미국의 기후 분포도는 어떻습니까?

A: 미국의 서부는 일반적으로 1년 내내 온화한 기후입니다. 캘리포니아에서는 1년 내내 눈을 보기가 힘들고 비도 자주 오지 않습니다.

미국의 중부는 극심한 기후 차이가 있어 여름에는 아주 덥고, 겨울에는 아주 춥습니다. 겨울에는 눈이 많이 오고, 여름에는 습도가 높아 매우 무덥습니다. 미국의 중부는 대체적으로 봄과 가을이 매우 짧은 편입니다.

미국의 동부는 한국 날씨와 비슷하다고 볼 수 있습니다. 워싱턴 근교의 버지니아 주의 경우 사계절이 뚜렷하여, 겨울에는 간혹 눈이 오고, 여름에는 더운 편입니다.

Q: 미국 각 지역의 생활비는 어떻습니까?

A: 미국의 서부와 동부는 생활비가 비싼 편인 반면에, 중부와 남부는 대체로 덜 비싸다고 할 수 있습니다. 큰 도시일수록 생활비가 비쌉니다.

Q: 추위를 너무 타고 몸에 피부병이 있어 습도 있는 곳을 피하고 싶은데 어느 쪽으로 유학을 가면 좋습니까?

A: 추위를 싫어하시면, 동남부의 플로리다 주나 남부의 텍사스, 그리고 서부의 캘리포니아, 애리조나 주를 꼽을 수 있습

니다. 그리고 습도를 피하시려면 사막 기후에 가까운 캘리포니아나 애리조나 주를 선택하시면 됩니다.

Q: 입이 까다로워 미국 음식을 잘 못 먹기 때문에 반드시 한국 음식을 먹으며 학교를 다닐 수 있는 곳은 어디가 있을까요?

A: 한국 음식을 쉽게 접하려면, 서부의 캘리포니아나 동부의 뉴욕을 꼽을 수 있습니다. 지금은 미국 어느 주를 가나 동양 마켓을 찾을 수 있고 수퍼마켓에서도 김치를 살 수 있으나, 가격과 질에 있어서 현저한 차이가 있습니다.

Q: 큰 도시를 피하고 시골 같은 곳에 가서 미국 사람들 가운데에서 영어를 제대로 공부하고 싶은데, 어떻게 생각하십니까?

A: 미국의 중부처럼 조용한 곳에 가서 공부하면 같은 한국인을 만나는 기회도 줄어들고, 영어 공부에 전념할 수 있는 기회도 있습니다. 그러나 간혹 시골에서 향수병으로 인한 외로움으로 우울증을 겪는 사람도 있습니다. 결국 본인의 사정에 맞는 환경을 찾는 것이 중요합니다.

어드바이스 : 학교 위치 선택의 중요성

한국과는 달리 미국의 대학들은 워낙 넓은 땅에 위치한 관계로, 특히 유학생들이 학교를 선택하는 데 있어 해당 학교의 위치는 신중히 고려해야 할 매우 중요한 사항입니다. 대학의 위치는 크게 나누어 시내 안에 있는 학교들과 시내에서 가까운 학교들, 또는 시내와는 거리가 먼 시골에 위치한 학교들로 나누면 될 것입니다. 조용한 시골 환경을 선호하는 학생이라면 큰 문제 없이 시골에 위치한 학교를 선정하면 좋겠지만, 조용한 환경을 그리 선호하지 않는 학생이라면 시내나 그 인근에 위치한 학교를 선택하는 것이 중요합니다.

또한 차를 구입하지 않을 계획이라면 기숙사가 있는 학교를 선택하는 것이 필수 조건이 될 것이며, 만약 기숙사가 없는 학교라면 대중 교통 이용이 가능한 지역에 위치한 학교를 선택하는 것이 중요하겠습니다.

3) 학교 선택

명문 대학

⋮

전공별 대학

⋮

2년제 대학

미국도 명문 대학이 있기는 하지만, 전공별로 명문 대학이 따로 있습니다. 따라서 학교 간판만 보지 말고, 각 대학의 특수 전공에 따라 학교를 선택하면 바라는 바 유학의 목적을 달성할 수 있습니다.

예를 들면, 2009년 <US News and World Report>의 대학 순

위에 의하면, 미국의 최고 대학은 하버드(Harvard), 프린스턴(Princeton), 그리고 예일(Yale) 대학교 순입니다. 그러나 전공별로 보면, 비지니스 전공의 경우 펜실베이니아 대학교(University of Pennsylvania), MIT, 그리고 UC버클리(Berkeley)와 Michigan-Ann Arbor 순입니다. 공과대학은 Rose-Hullman Institute of Technology, Harvey Mudd College, Cooper Union대학 순입니다. 예술학교의 경우는 Art Academy of Cincinnati, Art Center College of Design, 그리고 Berklee College of Music 순입니다.

전공별로 학교를 선정했으면, 그 학교의 위치를 고려해 보아야 합니다. 각 학교의 전공 분야는 학교가 위치한 지역에 따라 장래 취업 활동 범위와 직접적인 연관성이 있기 때문입니다.

예를 들면, 국제 무역이나 법률 관계를 전공하고자 하면, 태평양을 낀 서부의 캘리포니아나 대서양을 낀 동부의 뉴욕이나 워싱턴 D.C. 근처에 있는 학교를 선택하는 것이 졸업 후 취업이나 진로 향방에 큰 도움이 될 것입니다.

사립대학을 선택할 것인가, 주립대학을 선택할 것인가는 학비를 낼 수 있는 재정 능력에 의해 좌우된다고 볼 수 있습니다. 대체로 사립대학이 주립대학보다는 더 비싸기 때문에 경제적 어려움이 있는 학생은 학교의 질에 큰 차이가 없으면 주립대학을 선택하는 것도 현명한 방법입니다.

처음부터 4년제 대학에 갈 자신이 없거나, 재정 능력이 부족한 학생은 2년제 단과대학을 지원할 수 있습니다. 이를 소위 커뮤니티 칼리지(Community College)라고 부릅니다. 미국의 2년제 단과대학은 4년제 대학과 같이 정규 수업을 하며, 학위를 마친 뒤 4년제 대학으로 진학하여 공부를 계속할 수 있습니다. 즉, 4년제 대학 진학을 위한 기초 교양 과목을 터득하는 교육 기관으로서의 기능을 겸하고 있습니다.

Q & A

Q: 커뮤니티 칼리지가 저렴한 이유가 무엇입니까?

A: 학교 설립 목적이 지역 주민의 교육에 있기 때문에 학비가 저렴합니다.

Q: 커뮤니티 칼리지를 졸업한 후 4년제 대학으로 편입이 가능합니까?

A: 예, 커뮤니티 칼리지 재학 중 우수한 성적과 특별 활동 기록이 있으면 4년제 대학으로 편입이 가능합니다.

Q: 커뮤니티 칼리지에서는 어떤 전공을 할 수 있습니까?

A: 다양한 전공이 가능하고, 취업 목적의 직업 교육을 위한 학위를 제공하기도 합니다.

예를 들면, 호텔, 관광, 컴퓨터 그래픽, 패션, 예능 등 다양한 전문 기술을 제공하여 취업의 길을 돕고 있습니다.

 **체험담 : 커뮤니티 칼리지에서의 성공**

갑돌이는 버지니아 주에 있는 Northern Virginia(NOVA) 커뮤니티 칼리지에 입학하였습니다. 그는 학교 기간 중 전부 A를 받고, 졸업 후 하버드 대학교로 편입하였습니다. 2년제 단과대학은 격이 낮다는 편견은 이제 씻을 때가 되었습니다.

 **법 상식 : 평생 교육**

미국은 평생 교육을 강조합니다. 따라서 학교에 입학하는 데 나이로 차별하지 않습니다. 특히 커뮤니티 칼리지는 젊은 학생뿐 아니라, 중·장년기에 접어든 직장인에게도 인기가 높습니다. 학생 비자 신청 시에도 나이로 학업 의도를 의심하는 것은 차별이 될 수도 있습니다.

📝 **어드바이스 : 커뮤니티 칼리지의 장점**

명문 대학에서 하위 성적을 받을 바에는 2년제 대학에 입학하여 우수한 성적으로 명문 대학으로 편입하는 것이 훨씬 낫습니다. 커뮤니티 칼리지에서 편입해 온 학생들을 우대해 주는 미국의 교육 풍토를 감안해, 전문대학 지원도 자신 있게 하시기 바랍니다. 또한 대학 졸업 후 대학원이나 로스쿨 등에 입학할 때도, 학부 과정의 우수한 성적이 매우 유리하게 작용합니다.

4) 전공 선택

인문 계통
⋮
자연 계통
⋮
최근 추세
⋮
희귀 분야

유학을 꿈꾸는 학생이라면, 먼저 자기 적성에 맞고, 또한 사회적 현실이 요구하는 실용적인 전공을 선택하는 것이 좋습니다. 그러나 미국에서 하는 공부인 만큼 한국말이 아닌 영어로 하는 공부이기 때문에 영어 수업 능력이 필수적입니다.

만약 미국에서 공부하고자 하는 전공이 어느 정도 익숙한 분야라면, 설사 영어 실력이 조금 모자란다 하더라도, 어느 정도 이해가 가능하기에 책을 통해 보충해 나갈 수 있습니다.

그러나 전혀 생소한 전공을 처음으로 시작하고, 그 전공에 대한 지식 내지는 백그라운드가 전혀 없을 경우에는 언어 부족까지 겹쳐 강의 내용을 이해하기 더 힘들 수 있습니다.

미국에서는 고등학교 때부터 이과, 문과로 나누어 학생들을 지도하지 않으며, 대학 입학 때까지 전공이 결정되지 않은 학생들을 위해 'Undecided Major'라는 이름의 전공을 따로 만들어 놓고, 학생들이 여러 분야의 과목들을 이수한 후 3학년에 올라갈 때 정식으로 전공을 정할 수 있도록 돕습니다.

Q & A

Q: 영어를 많이 요구하는 전공은 어떤 것이 있습니까?

A: 정치학이나 법률 등 인문 계통의 전공이 많은 영어의 독해와 쓰기를 요구하기 때문에 영어에 자신 있어야 학위를 마칠 수 있습니다. 반면에, 이공 계통의 학생들은 수학 등 관련 과목의 실력이 뒷받침될 경우, 인문계처럼 많은 영어를 요구하지 않습니다.

Q: 최근에 인기 있는 전공 분야는 무엇이 있습니까?

A: 21세기에는 환경 보전과 유전 공학, 컴퓨터 디자인과 패션, 그리고 첨단 과학 기술 분야에 관심이 많아지는 추세입니다. 또한 국제 변호사가 되기 위해 미국의 로스쿨에 입학하려는 학생이 늘어나고 있습니다.

Q: 전공을 미리 정하고 입학한 학생은 재학 중 전공을 바꿀 수 있습니까?

A: 예, 전공 과목을 공부하던 중 학생이 선택한 전공이 본인에게 맞지 않는다는 것을 확인했을 경우, 타 전공으로 전과를

하는 것이 가능합니다.

 **법 상식 : 전공 변경 후 조치**

같은 학위 과정에서 전공을 바꿀 경우에는 학교 측과 상의하여 새로운 I-20를 받아야 합니다. 특히 전공을 바꾼 후, 해외 여행을 할 경우에도 재입국 시에는 반드시 새 I-20를 받고 입국해야 합니다.

어드바이스 : 전공 선택 요령

영어 구사 능력이 충분하다면, 시대의 추세에 맞는 전공을 선택하는 것이 유학의 성패를 좌우하는 중요한 요소가 될 수 있습니다. 어떤 경우에는 남이 별로 하지 않는 독특한 분야를 전공함으로써, 그 분야에 독보적인 존재가 되는 것도 바람직한 선택이 될 수 있습니다.

5) 학위 선택

학사 과정

석사 과정

박사 과정

고등학교 졸업 후 미국 유학을 계획하는 사람들은 미국의 대학으로 입학할 것인가, 아니면 한국 대학 재학 중 미국 대학으로 편입할 것인가 등을 고민하게 됩니다. 한편으로는 대학을 졸업한 뒤, 대학원 과정을 미국에서 할 것인가를 고려하기도 합니다.

일반적으로 미국에서 제일 힘든 과정은 박사 과정이고, 다음은 학사 과정이며, 마지막으로 석사 과정이라고들 합니다. 외국 학생들에게는 학사 과정이 힘든 편인데, 이는 학부 과정에서 전공 과목 외에 교양 과목이 필수이기 때문입니다.

교양 과목의 예를 들면, 미국사, 미국 정부론, 영어 등 한국에서 별로 공부한 적도 없을 뿐더러 영어 부족으로 이해를 못해 어려움을 겪기도 합니다.

Q & A

Q: 대학 과정에서 교양 과목을 통과할 수 있는 방법이 있습니까?

A: 미국 유학을 하기 전에 한국말로 된 미국 역사나 미국 정부론 책을 구입하여, 먼저 정독하고 이해하는 것이 중요합니다. 과목에 대한 이해력은 영어 구사력까지 향상시킬 수 있기 때문입니다. 미국 역사와 공휴일의 유래를 공부해 두면 미국 사회를 더 잘 이해할 수 있고, 뉴스와 신문의 관계 용어의 이해도가 증가하고, 미국 친구들과의 대화에도 많은 도움이 됩니다.

Q: 석사 과정이 왜 공부하기가 용이합니까?

A: 석사 과정은 한국에서 이미 학사 과정에서 공부하였거나, 혹은 본인의 적성에 맞는 전공 분야만 집중적으로 1년에서 2년 정도 단기간 동안 공부할 수 있기 때문입니다.

Q: 석사 과정에서도 논문을 요구합니까?

A: 전공 분야에 따라 다르나, 석사 과정 졸업에 대한 엄격한 기준이 있기 때문에 그렇게 쉽게만 생각해도 안 됩니다.

Q: 미국에서는 왜 박사 과정이 제일 어려운가요?

A: 박사 과정은 제한된 학생만 뽑기 때문에 입학부터 어려우며, 졸업을 하기 위해서는 종합 시험과 논문 등의 까다로운 절차를 밟아야 하기 때문입니다.

Q: 미국의 학위 과정에 따라 입학 조건이 다릅니까?

A: 학위 과정에 따라 영어 실력 적성 능력 테스트를 요구하게 됩니다.

대학교의 경우 토플 성적만 요구하지만, 대학원의 경우 토플과 GRE, 혹은 GMAT 성적을 요구합니다. 특수 대학원인 로스쿨은 LSAT 시험을 치러야 하고, 의과대학은 MCAT을 치러야 합니다.

박사 과정에 재학 중인 한 학생은 조교(research assistant)로 선발되어 학비 보조를 받으며 박사 과정을 무사히 끝마칠 수 있었습니다. 또한 상당수의 석사, 또는 박사 학위 과정들이 학비와 생활비를 제공하는 프로그램을 운영하고 있으므로, 본인이 열심히만 하면 더 좋은 기회를 얻을 수도 있습니다.

한국 학생이 박사 학위 논문 주제를 한국으로 했다고 하여 그 박사 학위를 가볍게 보는 것은 잘못된 것입니다. 박사 학위는 논문뿐만 아니라 오랫동안의 모든 이수 과정이 결정하는 것인 만큼, 논문 제목은 크게 중요하지 않습니다. 한국을 주제로 한 논문이 많이 나올수록 한국을 더욱 알릴 수 있는 계기도 됩니다.

6) 영어 연수 학교 선택

대학 영어 연수 학교

⋮

언어 연수 학원

⋮

영어 연수 학교의 장 · 단점

영어 공부를 주목적으로 하는 단기적인 언어 연수 유학이나, 장기유학을 목적으로 했으나 영어 수준이 충분치 않아 불가피하게 어학 연수 과정을 먼저 거쳐야 하는 학생들은 영어 연수 학교를 선택할 수 있습니다.

미국의 각 대학은 정규 학점 과목의 수업을 이수하기에 영어 실력이 부족한 학생들을 위해 영어 실력을 향상시켜 주기 위한 목적의 ESL(English as a Second Language) 과정을 운영하고 있습니다.

영어 연수 학교는 4년제, 2년제 대학에서 제공하기도 하고, 영어 연수 학원 등을 통해서도 신청할 수 있습니다. 영어 연수 학교의 종류에 따라 학비의 차이가 있고, 공부의 이수 과정 난이도가 다릅니다. 영어 연수 학교의 입학은 학생의 현재 학업 능력이나 수준과 큰 상관이 없기 때문에 I-20를 수월하게 받을 수 있는 장점이 있습니다. 정규 대학의 입학을 원하나 학교 측에서 볼 때 영어 실력이 부족한 학생인 경우에는 ESL 과정을 먼저 이수하고, 정규 전공 분야 공부를 시작하는 조건부 입학 등을 제공하는 학교도 있습니다.

Q & A

Q: 영어 연수 학교는 계속 다닐 수 있습니까?

A: 그렇지 않습니다. 학교 과정에 따라 다르지만 일반적으로 영어 연수 학교는 약 2년 동안 재학할 수 있습니다.

Q: 영어 연수 과정의 이수가 끝나면 어떻게 해야 합니까?

A: 2년 과정의 영어 연수 과정이 끝나면 다른 학교로 전학하거나 학위 과정으로 넘어가야 합니다.

Q: 영어 연수 학교의 장점은 무엇입니까?

A: 일반 대학보다 학비가 싼 것 외에, 신분 문제 유지에 유리합니다. 일반 대학의 경우, 성적이 나쁘면 F-1 비자에 문제가 생길 수 있으나, 영어 연수 학교에서는 성적이 통과(pass)와 낙제(fail)로 나오며, 낙제했어도 재수강을 하여 통과시켜 줄 기회를 주기 때문입니다.

Q: 영어 연수 학교의 부담은 무엇입니까?

A: 학교 공부도 중요하지만 본인 스스로 열심히 하여 토플 시험을 통과하거나 영어 실력을 향상시켜야 하는 부담 내지는 책임감이 있습니다.

Q: 영어 연수 학교가 대학과 같이 있을 때의 장점은 무엇입니까?

A: 만약 2년 안에 영어 연수 과정을 마치지 못했다 할지라도, 학교 내의 본과 과정을 파트타임으로 등록하면서 계속 영어 연수 과정에 다닐 수도 있습니다. 따라서 규모가 있는 ESL 학교는 학교를 자주 옮기지 않아도 되는 장점도 있습니다.

체험담 : 편법 유학

갑순이는 LA의 한 영어 연수 유학원으로부터 F-1 비자를 받고, 뉴욕에서 살고 있었습니다. 그 이유인즉, 학비를 보내 주면 학생신분이 유지된다는 것이었습니다. 그러나 이는 명백한 F-1비자 위반입니다. 유학생을 상대로 한 편법 유학을 조심해야 이민법상 불이익을 당하지 않습니다.

어드바이스 : 유학 비용 절약 방법

유학 기간을 줄이기 위한 가장 중요한 관건은, 유학을 오기 전 최대한 영어 실력을 향상시킬 수 있도록 철저히 준비하는 것입니다. 이는 ESL 과정으로 유학 생활을 시작하든, 정규 과정으로 시작하든 마찬가지입니다. ESL의 경우, 처음 유학을 오면 학교에서 주는 시험 결과에 따라 ESL 레벨이 정해지는데, 가장 낮은 기초 레벨부터 시작하게 될 경우 중급, 고급반을 다 거쳐 ESL 과정을 졸업하는 데만도 몇 년이 걸릴 수 있기 때문입니다. 미리 한국에서 영어 공부를 열심히 해서 첫 배치 고사 결과가 중급이나 고급반으로 나올 수 있다면 그만큼이라도 유학 기간을 단축시킬 수 있는 방법이 될 것입니다.

또한 정규 과정으로 유학을 오는 경우에 있어서도 대학 1학년 때 택해야 하는 필수 영어 과목을 수강할 수 있으려면, 영어 배치 고사에서 정해진 수준 이상의 성적을 받아야 하며, 성적이 미달일 경우 학교에서 배정해 주는 낮은 레벨의 영어를 먼저 수강해야 할 수도 있기 때문에, 어느 쪽의 경우라도 영어 실력 향상을 위한 준비를 철저히 다지고 유학을 시작한다면 상대적으로 유학 기간을 줄일 수 있을 것입니다.

영어 연수만을 목적으로 오는 학생들은 영어 연수 학교마다 수업료 차이가 많이 나는 관계로, 학비와 수업 과정을 비교 분석해 보기를 권장합니다. 그리고 장기유학을 생각하는 학생은 한국에서 미리 토플 시험을 본 후 미국 유학을 추진하면, 그만큼 미국의 영어 연수 학교에서 영어를 배우는 시간과 돈을 절약하는 한 방법이 될 수 있습니다.

7) 결혼

독신 유학생

⋮

부부 유학생

⋮

결혼의 장·단점

보통 고등학교를 막 졸업하고 대학으로 유학을 올 경우, 결혼 문제가 중요하지는 않습니다. 그러나 결혼 적령기에 접한 학생들이 유학을 생각할 때에는 결혼 문제가 큰 이슈가 될 수 있습니다. 유학을 떠나기 전에 결혼을 할 것인가, 아니면 유학 공부 중간에 돌아와서 결혼할 것인가를 결정해야 할 때가 있습니다. 아예 유학 공부를 마치고 돌아와서 결혼하려는 학생도 있고, 심지어는 미국 내에서 배우자를 만나 결혼하는 예도 있습니다. 유학 생활과 결혼 이라는 이슈는 각 가정의 현실과 경제적 여건 등을 고려한 뒤 결정 하시는 것이 좋습니다.

Q & A

Q: 독신 유학생의 장점은 무엇입니까?

A: 독신은 가정이 없으므로 공부에만 전념할 수 있습니다. 또 한 밥 한 그릇까지 절약되니 경제적인 부담이 줄어듭니다.

Q: 독신 학생의 단점은 무엇입니까?

A: 배우자의 도움이 없어서, 규칙적인 식생활을 할 수 없게 되 어 체력이 약해지는 경우가 있습니다. 심하게 되면, 우울증 도 유발할 수 있어 학교 성적이 떨어지기도 합니다. 독신의 외로움과 향수병에 시달려 탈선하는 유학생도 있어 중도에 공부를 포기하고 귀국하는 경우도 있습니다.

Q: 부부 유학생의 장점은 무엇입니까?

A: 부부가 둘 다 유학생이거나 배우자 한 사람만 유학생일 경 우에는, 일단 외로운 타국에서 서로 의지할 사람이 있어 정

서적으로 안정되어 공부의 능률을 향상시킬 수 있습니다.

Q: 부부 유학생의 단점은 무엇입니까?

A: 식구 수가 많으므로 그만큼 생활비에 따른 경제적 부담이 있습니다. 공부의 스트레스로 인한 가정 불화가 공부에 방해가 되기도 합니다.

여자가 학생일 경우에는, 남편이 밥을 차려 주지 않는 한 학교의 공부와 가정의 일을 동시에 해야 하는 이중 부담이 있을 수도 있습니다. 무엇보다도 유학 생활을 위한 확실하고 충분한 재정 준비가 없을 경우, 가정 불화가 심화되어 가정 폭력이나 자녀 구타 또는 이혼까지 하는 사례도 간혹 있습니다.

Q: 유학 중 아이를 출산하기 전에 고려할 사항은 무엇입니까?

A: 임신하기 전에 반드시 출산 보험을 들고, 출산할 병원을 정하여 되도록 학업에 최소한의 지장을 주도록 계획 출산을 할 것을 권합니다. 미국의 비싼 보험료 때문에 아이가 생기면 이에 따른 재정 능력을 고려해야 합니다. 그리고 아이로 인해 공부에 영향을 줄지도 모르는 시간적 부담도 있을 수 있습니다. 또한 새로운 아이의 미국 법상, 그리고 한국 법상 신분 문제가 발생합니다.

Q: 결혼을 하고 F-1 비자 신청을 하면, 배우자도 같이 미국에

갈 수 있습니까?

A: 예, 배우자는 F-1 비자 소유자의 동반 가족으로 F-2 비자를
받을 수 있습니다.

Q: 부모님도 같이 가서 공부하는 동안 도와줄 수 있습니까?

A: 안 됩니다. F-1 비자 소유자의 동반 가족은 배우자와 21세
미만 미혼 자녀만입니다.

Q: 미국 유학 중에 배우자를 데리고 올 수 있습니까?

A: 예, F-1 비자 소유자의 동반 가족으로 초청이 가능합니다.

체험담 : 건강 유지

필자는 어머님이 차려준 밥만 먹다가 독신으로 유학 왔습니다.
밥과 반찬도 할 줄 모르고 공부에 쫓기다가 불규칙한 식사를 하곤
했습니다. 굶을 때는 한참 굶다가, 한번 밥을 먹을 때는 폭식을 하
여 위에 큰 부담을 주기도 했습니다. 그때 공부하면서 얻은 위장병
이 지금까지 가끔 문제가 되기도 합니다.

결국 유학의 성패는 본인의 의지와 인내, 그리고 겸손한 마음이
좌우한다는 것을 명심하고, 공부에 필요한 건강 유지와 결혼 문제
등을 결코 소홀히 해서는 안 되겠습니다.

 **법 상식 : 미국에서 태어난 아이의 국적**

미국에서 아이가 출생하면, 그 아이는 미국 시민권자가 됩니다. 미국은 국지주의를 택하고 있기에 미국 영토에서 태어난 자는 미국 시민권자가 됩니다. 따라서 아이는 F-1 비자의 동반자 비자를 받을 필요가 없으며, 미국 여권을 신청할 수 있습니다. 아이로 인해 부모가 이민법상 혜택을 당장 받을 수는 없고, 단지 아이가 21세가 되면 부모를 위해 영주권 신청이 가능합니다.

한국의 경우 속인주의를 택하고 있어서 부모 중 한 사람이 한국 국적을 가지고 있을 경우, 아이가 미국에서 출생하더라도 한국 국적을 취득할 수 있습니다. 하지만 이중 국적자로 태어난 사람은 남자는 만 18세, 여자는 만 22세가 될 때까지 어느 한쪽의 국적을 선택해야 합니다. 태어난 아이의 한국 국적을 취득하고자 하면, 한국의 재미 공관(대사관이나 영사관)에 한국 국적법에 대한 자문을 받고 해당 서류들을 제출하시면 됩니다.

어드바이스 : 유학의 진정한 목적

미국 유학은 결코 한 사람만의 성공을 위해서가 아니라 가정의 행복과 번영을 위한 것인 만큼, 가정이 공부의 희생양이 되어서도 안 되겠습니다. 본인의 환경에서 베스트를 찾아내고, 미국 유학이 인생 전반에 걸친 성공 사례가 되길 바랍니다.

8) 숙소 선택

기숙사

⋮

아파트

⋮

홈스테이

학교가 결정되고 결혼 여부가 확정되면, 숙소를 선택해야 합니다. 미국에 처음 도착하면 공부하는 동안 기거할 숙소가 아주 중요한 문제입니다. 숙소의 위치와 환경에 따라 공부의 성패가 좌우되기도 합니다. 그 이유는 숙소를 자주 옮기면, 생활의 리듬과 안정성이 깨져 공부에 대한 집중을 해칠 수 있기 때문입니다. 숙소의 종류는 기숙사, 아파트, 그리고 홈스테이(homestay) 등으로 나눕니다.

Q & A

Q: 기숙사의 장점은 무엇입니까?

A: 학교 내의 기숙사에 있을 경우, 공부에 투자하는 시간이 많고 식사 문제도 해결할 수 있습니다. 아파트보다는 비용이 저렴합니다. 식사 문제도 학교에 따라 학기별 식권 구입(meal plan)을 통해서 싸게 해결할 수 있습니다.

Q: 기숙사의 단점은 무엇입니까?

A: 보통 2인 1실이 대부분인데, 룸메이트와의 관계가 좋지 않을 경우 사생활 침해나 여러 가지 문제가 있을 수도 있습니다. 또한 학교 카페테리아의 미국 음식이 입에 맞지 않는 학생들은 식사 문제로 고생할 수도 있습니다. 부부 유학생이나 자녀가 딸린 경우, 약간 불편한 점도 있습니다. 그리고 대부분의 대학들은 기혼자들을 위한 기숙사를 구비하지 않고 있거나, 있다 해도 극소수라 들어가기 어렵습니다.

Q: 기숙사는 연중 무휴 운영됩니까?

A: 기숙사에 사는 유학생들의 가장 큰 불만은 기숙사가 방학 중에는 문을 닫는 것입니다. 심지어 짧은 봄 방학(Spring Break)에도 문을 닫고, 부활절이나 추수감사절 같은 연휴나 공휴일에도 문을 닫습니다. 아파트에 사는 친구나 학교 근처에 친척이 없는 유학생들은 큰일이 아닐 수 없는데, 보통 미국 학생들은 집으로 돌아가 가족들과 함께 휴식을 취합니다. 유학생들의 경우 이 기간 동안 친한 유학생들과 함께 미국의 유명한 곳들을 여행해 보는 것도 미래에 큰 자산이 될 수 있습니다.

Q: 아파트의 장점은 무엇입니까?

A: 아파트는 부엌 시설이 되어 있어 식사를 해결할 수 있고, 사생활이 보장됩니다. 전공이 같고 마음에 맞는 친구들 2-3명

과 함께 아파트를 구하면, 아파트 비용도 절약하고 그룹 스
터디에도 도움이 될 수 있습니다.

Q: 아파트의 단점은 무엇입니까?
A: 아파트는 비용이 기숙사보다 비싸고 학교로부터 멀수록 교
통편을 고려해야 합니다. 가능하면 학교에서 가까운 아파트
가 공부하는 데 유리합니다.

Q: 독신도 아파트가 숙소로 좋습니까?
A: 독신도 아파트를 숙소로 정할 수 있으나, 비용이 부담될 경
우, 원룸 아파트(studio type)를 구할 수도 있습니다.

Q: 룸메이트는 어떻게 구하고, 장·단점은 무엇입니까?
A: 도서관이나 각 학교 건물 내의 게시판에 있는 학교 정보나
광고들을 통해서, 또는 친구들끼리의 소개로 룸메이트를 찾
을 수 있습니다. 룸메이트가 조금은 불편하겠지만 대부분의
유학 생활이 학교와 도서실에서 보내고 밤에 잠만 자는 곳
이니, 비용 절감에 큰 몫을 합니다.

 **체험담 : 홈스테이**(Homestay)

갑돌이는 친척과 같이 아파트에서 살다가 친척이 다른 주로 이
사를 하게 되었습니다. 그때 갑돌이는 혼자 사는 것보다는 미국 사

람 집에 홈스테이로 들어가면 영어를 더 빨리 배울 것이라고 생각하고, 미국 사람 집으로 이사를 했습니다. 그러나 한 달도 안 되어 영어를 배우기는커녕 우울증에 걸려 밥도 제대로 못 먹고, 결국 공부를 포기하고 귀국하고 말았습니다.

너무 영어 공부에만 욕심을 내기 이전에, 본인이 외국에서 감당할 수 있는 정신적, 육체적 건강을 먼저 돌볼 줄 알아야겠습니다. 이와 같이 숙소 결정 문제는 성공적인 유학 생활을 위한 중요한 기본 과제입니다.

어드바이스 : 숙소의 결정과 자동차의 구입

아파트를 구할 경우에는 자동차를 구입해야 하고, 이로 인한 경제적 부담이 가중됩니다. 반면에, 자동차가 있을 경우 시장을 보러 갈 때나 먼 거리를 가야 할 때 남에게 부탁하지 않고 자유롭게 다닐 수 있어 편리합니다. 무엇보다도 미국의 대중교통 시스템은 한국처럼 집 바로 앞까지 발달해 있지 않고 경유하는 코스와 정거장이 많고 기다리는 시간이 길어서, 공부할 시간의 확보를 위해 자동차를 보유하는 것이 좋은 것 같습니다. 특히 기혼 유학생들의 경우, 숙소를 결정하기 전에 주위 환경과 학교와의 거리, 동양 수퍼마켓의 위치, 그리고 자녀의 학군 문제 등을 분석하는 것이 바람직합니다.

4. 입학 허가서(I-20) 신청 방법

1) I-20 신청

입학 원서 접수 방법

⋮

입학 원서 접수 시

⋮

입학 원서 신청 요령

먼저 미국 대학의 안내 책자를 통해 학교의 위치와 전공별 순위를 선정합니다. 학교를 선택했으면, 입학 수속을 하기 전에 해당 학교가 SEVIS 규정에 의거하여 I-20를 발행할 수 있는 학교인가를 먼저 확인해야 합니다.

학교로부터 원서를 직접 우편으로 받기도 하지만, 요즘은 대부분 학교들의 경우 온라인상으로 학교의 웹페이지를 통해 학생이 직접 원서를 다운로드하여 입학 원서를 기재하고, 온라인상으로 접수할 수도 있습니다.

일반적으로 ESL 과정을 위한 입학은 쉬운 편이나, 4년제 대학의 경우 해를 거듭하며 치열해지는 미국 내 대학 진학의 경쟁을 고려할 때, 원하는 한 학교만 지원하는 것은 위험한 방법입니다. 따라서 최대한 입학 가능한 학교들까지 포함해서 원서를 제출하는 복수 지원이 거의 일반적인 방법입니다.

Q & A

Q: SEVIS 제도는 언제 시작되었으며, 그 내용은 무엇입니까?

A: 9·11 테러 사건의 영향으로 유학생 감시를 대폭 강화하기 위해 신설된 제도로, 2003년 1월 1일부터 가동되었습니다. 그 내용인즉, SEVIS에 의하면 교육 기관은 유학생의 입학, 전학, 졸업, 전공 실습 허가증(OPT), 풀타임 등록 여부, 출입국 등을 관계 당국에 보고해야 합니다.

SEVIS에 의하면 신입생의 경우, 등록 마감 후 30일 이내에 학생의 이름과 주소 등 신상에 관한 정보를 신고해야 합니다. I-20를 받은 뒤 등록을 하지 않거나 또는 수강 신청 등록을 풀타임으로 하지 않을 경우도 신고해야 합니다.

Q: 만약 이러한 정보가 보고되지 않을 경우에는 어떻게 됩니까?

A: 해당 유학생의 입학 불허 및 비자 발급 거부 등 불이익을 당할 수 있습니다.

Q: 동반 가족이 있을 때는 어떻게 합니까?

A: F-1 비자 소유자의 동반자용 I-20를 같이 신청해야 합니다.

Q: ESL을 통한 영어 연수 학교를 신청하고자 하면 언제 하는 것이 좋습니까?

A: 학교에 따라 원서를 처리하는 시간에 차이가 있지만, 보통 1-2주 안에 입학 여부가 결정납니다. 따라서 ESL의 경우, 미국 유학을 하기 위해 약 3-6개월 전부터 준비하면 됩니다.

Q: 일반 정규 대학에 입학하고자 하면 언제부터 입학 수속을 해야 합니까?

A: 4년제 대학들의 입학 원서 마감일은 학교에 따라 차이가 있으나, 경쟁이 높은 유명한 학교일수록(예: 아이비리그 대학들) 마감일이 1월초로 정해져 있고, 그 외의 학교들은 2월 중순부터 4월 중순까지 다양하므로 학생 본인이 응시하고자 하는 대학들의 원서 마감일을 확인한 후 그에 맞춰 원서 접수를 마치면 됩니다.

보통 미국 대학의 새학기가 8월이나 9월에 시작하기 때문에, 이에 맞춰서 1년 전부터 관심이 있는 여러 개의 대학을 선정하여 입학 수속을 시작하는 것이 좋습니다.

어드바이스 : 입학 원서 접수 요령

학교를 지원할 때는, 학생의 희망 학교들 중 학생의 학업 수준에 비해 약간 더 높은 대학들로 약 3곳, 학생의 수준과 거의 동일한 수준의 학교들로 약 3-4곳, 학생의 수준과 비교했을 때 안정권 학교로 분류될 수 있는 학교들로 약 3곳 등, 총 10개 정도의 학교들에 입학 원서를 접수시키는 것이 미국 내의 일반적인 현실입니다.

2) I-20 신청 서류

추천서 쓰는 법

⋮

에세이 쓰는 법

⋮

토플 성적 올리는 법

일단 지망 학교들이 정해지면, 각 학교에서 요구하는 입시 요강에 맞춰 구비 서류를 제출하면 됩니다. 기본적인 I-20 신청 서류는 다음과 같습니다.

- 입학 원서 신청서(각 대학의 소정 양식)

- SAT 혹은 TOEFL 시험 성적

- 영문 성적표와 재학 증명서

- 추천서

- 에세이

- 클럽 활동과 사회 봉사 활동

- 재정 보증서

- 신청 수수료

Q & A

Q: SAT 시험과 TOEFL 시험은 무엇입니까?

A: 대부분의 미국의 4년제 대학들에서는 입시 시험으로 SAT 를 요구하며, 지역에 따라 ACT라고 불리는 시험을 요구하는 학교들이 있기도 합니다.

하지만 유학생일 경우에는 학생의 영어 구사 능력을 테스트하는 시험인 TOEFL 시험을 필수로 요구하고 있습니다.

Q: TOEFL 시험은 어떤 것을 테스트합니까?

A: TOEFL에서 요구하는 테스트는 독해(reading), 쓰기(writing), 말하기(speaking), 듣기(listening)입니다. 각 분야당 30점으로 총 120점 만점입니다. 시험 성적은 2년간 유효합니다.

Q: TOEFL 시험을 몇 점 정도 받아야 안정권이 됩니까?

A: 명문 대학일수록 높은 점수를 요구하기 때문에 보통 100-
110점 정도가 되어야 하고, 중간 정도의 주립대학은 80점
이상이면 됩니다.

Q: TOEFL 시험은 어떻게 신청합니까?

A: 인터넷을 통해 신청할 수 있으며, 시험도 인터넷으로 볼 수
있습니다. 종이 시험 곧, Paper-based Test(PBT)와 인터넷 시
험 Internet-based Test(IBT) 중 선택할 수 있습니다. 각 지역
에 따라 미리 접수하면 매달 응시도 가능할 수 있습니다.
좋은 토플 성적은 성공적인 미국 유학과 직접적인 연관성이
있으므로, 시간과 정력을 투자하여 몰두하면 반드시 정복할
수 있는 테스트입니다.

Q: 대학원에 입학하는 학생의 경우에는 다른 조건이 또 있습
니까?

A: 대학원생의 경우, TOEFL 외에 GRE나 GMAT을 제출해야
합니다. 로스쿨은 LSAT, 의대는 MCAT 시험 성적이 별도로
요구됩니다.

Q: 성적이 나쁘면 입학이 불가능합니까?

A: 꼭 그렇지는 않습니다. 비록 성적이 나쁘더라도, 대학에 들
어와서 학생의 학업 성취도가 향상될 수 있는지의 여부를

보기 때문입니다. 예를 들면, 고등학교 1학년 때 성적이 나
빠도 3학년 때 성적이 좋은 것을 보여주면, 학업 성취율을
높이 평가해 줍니다. 명문 대학일수록 우수한 내신성적을
유지한 학생을 선호합니다.

Q: 추천서는 누가 써야 합니까?

A: 에세이만큼 선생님의 추천서도 중요한 비중을 차지하고 있
습니다. 주로 학생을 직접 가르쳤던 교사나 교수의 추천서
가 좋습니다. 학교에 따라 1-2명의 선생님으로부터 학생에
대한 평가를 요구합니다.

Q: 추천서에는 어떤 내용을 씁니까?

A: 추천서는 학교들이 따로 만들어 놓은 고유의 추천서 양식
에 기재되어 있는 평가 방법에 맞춰 선생님들이 학생을 평
가하도록 되어 있습니다. 추천서 내용은 일반적인 내용보다
는 학생 개개인에게 해당되는 지극히 개인적인 내용이 도움
이 될 것입니다. 이를 위해 학생들이 학교 재학 중 선생님들
과 긴밀한 관계를 유지하는 노력이 절실히 요구됩니다.

Q: 에세이는 어떤 내용을 씁니까?

A: 학교 측에서는 에세이를 통해 학생의 학업 능력 외에 학생
이 지니고 있는 내면적 특성을 평가합니다. 따라서 에세이
는 미국 대학 입학에서 아주 중요한 요소로, 입학 사정관들

에게 감동을 줄 수 있는 눈에 띄는 주제 선택, 주제를 일목
요연하게 전개하는 내용적 요소, 문법, 철자 등까지 오랜 시
간과 에너지를 요구하는 매우 중요한 사항이라고 할 수 있
습니다. 예를 들어, 최근의 사회적인 관심사와 개인적인 경
험, 또는 의견을 결합해서 미래 지향적이거나 창조적인 의
견을 도출할 수 있다면, 입학 심사관들이 관심을 갖고 에세
이를 평가할 것입니다.

Q: 클럽 활동과 사회 봉사 활동은 왜 중요합니까?

A: 미국 대학들은 학업 외에 학교 내외에서 특별 활동이나 자
원 봉사 활동 등을 지속적으로, 그리고 적극적으로 참여하
는 것을 선호하고 있습니다. 따라서 미국 유학을 계획하고
있는 학생들은 학교 학업에 열심히 임하는 노력 외에도 운
동이나 음악, 미술, 또는 지역사회 봉사 활동 등에 최선을
다해 참여하는 노력을 기울여야 합니다.
특히 이런 특별 활동에서 팀의 리더로 활약했거나 수상 경
력이 있으면 입학 허가에 매우 유리합니다.

Q: 재정 보증은 누가 섭니까?

A: 본인이나 가족 중 보증인이 학비 부담 능력을 증명하면 됩
니다.

Q: 소정의 수수료는 얼마입니까?

A: 학교마다 다르며, 보통 60-70달러입니다.

어드바이스 : 어떻게 하면 TOEFL 성적을 올릴 수 있을까요?

토플 시험을 몇 번 쳐봐도 성적이 제자리인 학생이 많습니다. 먼저 토플 시험이 요구하는 문제의 취지와 방향을 이해해야 합니다. 또한 토플 시험에 자주 등장하는 단어들을 따로 뽑아서 암기하고, 반복되는 주제들에 대해서는 관련 서적을 읽어 두어야 합니다. 그리고 시험 문제 유형을 분석하여 토플 시험이 묻고자 하는 내용을 습득하고, 예문에서 정답과 관련된 부분만 읽어 내는 연습도 해야 합니다. 그렇게 하기 위해서 실전 문제를 풀어 보고, 정답을 보며 틀린 이유를 분석해야 합니다. 한 예로 듣기의 경우, 질문 내용 패턴을 분석하고, 요구하는 답변은 주로 무엇인지 파악하면 듣기에서 높은 점수를 받을 수 있습니다.

3) I-20 승인

입학 여부 통보

⋮

비자 신청 시작

⋮

대학으로부터 입학 요건이 충족되면, 합격 여부를 결정받게 됩니다. 1개 이상의 대학에서 합격 통지를 받은 경우, 학생이 진학하기를 원하는 학교를 결정하고 해당 학교에 통보하면 I-20를 발부받게 됩니다. 학교에서는 I-20 외에 수업료, 생활비, 기타수수료 등 유학 시 필요한 경비에 대한 안내 책자와 함께 대학 소개 책자도 보내줍니다.

I-20를 받으면 유학을 위한 여권 신청과 F-1 비자 발급 신청을 시작할 수 있습니다. 미 대사관에서 인터뷰를 통과하면, F-1 비자를 받고 미국 유학길에 오를 수 있게 됩니다.

5. 학생 비자 신청 방법

1) 학생 비자 신청 서류

미 대사관 신청 양식

⋮

미 대학 입학 허가서

⋮

한국 학교 증명서

⋮

재정 증명서

⋮

각종 수수료 납부 증명

미국 학교로부터 I-20를 받고, 미 대사관에서 요구하는 F-1 비자 신청 서류를 구비하여 제출하면 인터뷰를 할 수 있게 됩니다. 일반적으로 F-1 비자 신청에 필요한 서류는 다음과 같습니다.

- 비이민 비자 신청서(DS-160)
- I-20 원본(SEVIS I-20)
- SEVIS 수수료 납부 영수증
- 재정 증명서
- 졸업 증명서와 성적 증명서
- 가족 관계 증명서(동반 가족 신청 시)
- 여권
- 사진 1매
- 비자 신청 수수료 납부 영수증

Q & A

Q: 비이민 비자 신청서는 어떻게 작성합니까?

A: 미 대사관 웹사이트(http://korean.seoul.usembassy.gov/ds160_info.html#2)에 들어가셔서 신청 방법을 참고하시고 비이민 비자 신청서 작성 웹사이트(https://ceac.state.gov/genniv/)에서 비이민 비자 신청서를 온라인으로 작성하시면 됩니다.

Q: I-20는 복사본을 제출해도 됩니까?

A: 안 됩니다. 반드시 원본을 제출해야 합니다.

Q: SEVIS 수수료는 어떻게 지불합니까?

A: SEVIS I-20 수수료의 지불 방법은 우편으로 하거나 인터넷으로 결제할 수 있습니다. 우편으로 할 경우 200달러의 머니오더(Money Order)를 미 대사관 웹사이트에서 제공하는 St. Louis, MO로 발송하면 됩니다. 인터넷으로 할 경우는, I-901 양식을 인터넷 사이트(https://www.fmjfee.com/i901fee/)에서 작성해서 제출한 후, 신속하게 수수료를 크레디트카드로 지불하고 동시에 영수증을 프린트할 수 있습니다.

Q: 재정 증명서에는 어떤 것들이 포함됩니까?

A: 본인이나 가족, 혹은 재정 보증인의 은행 잔고 증명서와 재산 증명서 등입니다. 재정 보증인의 재직 증명서와 세금 보고서도 좋은 재정 증명서가 됩니다.

   은행 잔고에 의심이 있을 경우에는 현재의 잔고뿐만 아니라 지난 1년간의 은행 잔고를 요구할 수도 있습니다.

Q: 성적 증명서는 어떻게 제출합니까?

A: 성적 증명서는 학교에서 봉투에 넣어 봉한 상태 그대로 제출해야 합니다.

Q: 가족 관계 증명서는 언제 제출합니까?

A: F-1 비자 신청자 중에 동반 가족이 있을 경우, 동반 가족과의 결혼 관계와 부모 자식 관계를 밝히기 위한 서류를 제출해야 합니다. 동반자 가족은 F-2 비자를 받고 함께 미국 입국이 가능합니다.

Q: 여권을 제출할 때 주의 사항은 무엇입니까?

A: 비이민 비자를 신청할 때, 여권의 유효 기간이 최소한 6개월 이상이어야 합니다. 만약 그렇지 않을경우, 여권의 유효 기간을 연장하든지 아니면 새 여권을 발급받아 비자를 신청해야 합니다.

Q: 사진은 어떤 것을 제출해야 합니까?

A: 미 대사관에서 요구하는 5cm×5cm 사이즈에 뒷배경이 흰색인 사진을 DS-160, 비이민 비자 신청서 작성 시 온라인으로 업로드 해야 하며, 1장을 제출해야 합니다. 또한 사진은 6개월 이내에 찍은 것이어야 합니다.

Q: 비자 수수료는 얼마이고 어디에서 냅니까?

A: 비이민 비자 수수료는 140달러이며, 수수료 인상에 의해 다른 수수료가 적용되는지 반드시 확인해 보시기 바랍니다. 비자 수수료는 미 대사관에서 지정한 신한은행을 통해서 납부하시고, 비자 신청 시 영수증을 제출하셔야 합니다. 비자

수수료는 한번 납부하시면 절대로 환불되지 않습니다.

2) 미 대사관 인터뷰

유학 목적 확실히

⋮

재정 증명 충분히

⋮

귀국 의사 분명히

⋮

비자 거절 후 절차

⋮

비자 발급 후 주의 사항

일반적으로 13세 이하의 미성년자와 80세 이상의 노약자는 인터뷰 없이 서류 심사만으로 비자가 발급되지만, 이 연령대를 제외한 모든 학생 비자 신청자는 인터뷰 과정을 거쳐야 합니다. F-1 비자를 받기 위해 미 대사관에서 인터뷰를 신청하려면 4단계를 거쳐야 합니다.

비이민 비자 신청서(DS-160)를 인터넷 사이트에서 작성한 후 프린트합니다.

$\vdots$

> SEVIS 수수료와 비자 수수료를 납부한 후 비자 신청 구비 서류를 준비합니다.

$\vdots$

> DS-160 입력 번호(바코드)를 가지고 미 대사관에서 인터뷰 예약을 합니다. 동반 가족이 있을 경우, 각 사람마다 예약 신청을 하셔야 합니다.

$\vdots$

> 인터뷰 시 비자 신청 구비 서류 전부를 투명한 플라스틱 서류집(Clear Plastic Folder)에 정리해서 확인한 후 가지고 갑니다.

미 대사관에 인터뷰를 하러 갈 때 복장은 단정하게 하고, 구비 서류를 체계적으로 보기 좋게 정리하는 것이 좋습니다. 학생 비자 인터뷰 시 영사가 물어보는 질문은 크게 3가지로 나누어 볼 수 있습니다.

1. 왜 미국에 유학을 가려 합니까?
2. 유학을 하는 동안 누가 유학 비용을 지불할 것입니까?
3. 유학을 마친 뒤, 장래 계획은 무엇입니까?

첫 번째 질문의 주요 목적은 학생이 정말로 공부를 목적으로 미국에 가려 하는지에 대한 미국 입국의 의도를 파악하기 위한 것입니다. F-1 비자로 입국하면서, 혹시라도 마음에 들면 그냥 눌러앉아 살려고 한다든지, 또는 직장을 구하려고 한다든지 등, 학업 목적과 동떨어진 목적을 말한다면 인터뷰에서 떨어질 수도 있습니다.

두 번째 질문은 유학 생활에 필요한 비용을 누가 책임질 것인지에 대한 질문이며, 혹시라도 학생이 미국에 체류하면서 아르바이트나 취업을 통해 비용을 충당하지 않을까 하는 것을 판단하기 위한 것입니다. 아시다시피, F-1 비자 소유자는 이민국 허가가 없는 한 취업을 하는 것은 불법이며, 이에 따라 학생의 유학을 위한 학비와 생활비 등을 책임질 수 있는 사람이 있는 것을 확인하기 위한 질문입니다.

마지막으로, 학생들이 공부를 마친 후의 계획을 묻는 것은 학교 공부를 마친 후 학생들이 다시 한국으로 돌아가야 하는데, 무슨 이유로든 불법으로 계속해서 미국에 장기 체류하려는 의도가 없는지를 확인하는 질문입니다.

종합하면, F-1 비자를 받기 위해서는 영사와의 인터뷰를 통해 유학을 가고자 하는 정당한 사유와 목적, 유학 기간 동안 비용을 책임질 수 있는 재정 능력, 그리고 공부를 마친 후 한국으로 다시 돌아오겠다는 의지를 분명하게 밝히면 됩니다.

Q & A

Q: I-20를 받은 후 미 대사관에 언제 인터뷰를 신청하면 됩니까?

A: 학사 과정 시작 날짜가 120일 이상 남아 있을 경우, 영사가 비자 발급을 해주지 않습니다. 따라서 I-20에 기재되어 있는 학사 과정의 시작 날짜로부터 120일 안에 비자 신청을 하시면 됩니다.

Q: 인터뷰에 통과되면, F-1 비자 유효 기간은 얼마나 됩니까?

A: 인터뷰에 통과되면 F-1 비자를 발급해 줍니다. F-1 비자의 유효 기간은 보통 I-20에 명시되어 있는 학위 과정을 마치는 데 필요한 기간을 줍니다. 그러나 영사의 재량으로 기간을 더 짧게 줄 수도 있습니다. 영어 연수의 경우에는 보통 1년 비자를 발행해 주고, 학사 학위 과정의 학생일 경우에는 보통 4년, 석사 학위 과정은 2년, 박사 학위 과정일 경우에는 2-5년 정도의 기간을 받을 수 있습니다.

Q: F-1 비자를 발급 받으면 언제부터 미국 입국이 가능합니까?

A: 인터뷰에 통과하면 학생 비자(F-1)를 발급해 주며, 비자를 받은 학생은 학사 과정 시작 30일 전부터 미국 입국이 가능합니다.

Q: 이미 F-1 비자를 받은 학생 가운데 방학 중 잠시 한국을 방문하는 학생도 미국 재입국에 제한이 있습니까?

A: 그렇지 않습니다. 학생 신분 유지와 SEVIS 기록 현황에 문제가 없는 한, 재입국에 제한이 없습니다. 그러나 출국 전에 학교 담당자에게 I-20 뒷면 사인을 받아야 합니다.

Q: 동반자 가족은 무슨 비자를 받습니까?

A: 배우자나 21세 미만 미혼 자녀는 동반 가족 I-20를 통해 F-2비자를 받고 입국이 가능합니다.

체험담 : 영어의 불확실한 이해와 통역관의 사용

통역관을 사용하십시오. 영어에 조금 자신 있다고 어설픈 영어를 하다가는 낭패를 보는 경우도 종종 있습니다. 한 예로, 인터뷰 중 영사가 갑순이에게 "미국에 가면 불법 취업을 안 할 거죠?"라는 부정문의 질문을 하였습니다. 갑순이는 미국에서 불법 취업을 안 할 것이라는 의미로 "예"(Yes)라고 대답하였습니다. 하지만 영어의 부정문 대답에서는 부정의 내용에는 "아니오"(No)라고 대답하고, 긍정인 내용에는 "예"(Yes)라고 대답해야 합니다.

이럴 경우, 갑순이는 "아니오"(No)라고 대답했어야 합니다. "No"라고 했어야만 미국에서 불법 취업을 하지 않겠다는 뜻인데, "Yes"라고 했기에 갑순이는 미국에 가면 학생으로 있는 동안 불법 취업을 하겠다는 의사 표현을 한 것이 되고 말았습니다.

결정적인 실수로 비자에 낙방하게 되었습니다. 결국 언어에 관한 문화적 차이에도 익숙해야 하고, 영어에 대한 지나친 자신감은 금물이며, 영어의 불확실한 이해는 불이익을 초래할 수 있다는 것을 잊지 말아야겠습니다.

 **체험담 : 프리랜서의 재정 증명**

갑돌이는 뚜렷한 직장 없이 예술 계통의 프리랜서를 하면서 돈을 벌었습니다. 개인 교습도 해서 은행에 잔고가 제법 있었습니다. 미 대사관에서 F-1 비자 인터뷰를 하는데, 영사는 갑돌이가 확실한 직업도 없고 재정도 충분하지 않다고 의심하기 시작했습니다.

그때, 갑돌이는 자신이 저축한 통장을 보여주면서 직장이 따로 없는 프리랜서의 개인적 독립 사업을 설명해 주었습니다. 그리고 갑돌이가 번 돈의 수입이 그의 예술적 가능성을 증명하는 것이라며, 공부할 목적이 뚜렷하다고 하여 결국 F-1 비자를 받게 되었습니다. 본인이 직업이 없고, 제3자의 보증이 없더라도 본인의 독립 자산으로도 재정 능력을 증명할 수도 있습니다.

 **체험담 : 장애우의 유학**

장애우도 유학갈 수 있습니다. 장애우가 미국에서 교육 받기를 원하는 것은 먼저 장애우를 대하는 국민 정서와 발전된 교육 시설 때문이라고 할 수 있습니다. 장애인 학교에서는 각자의 개성과 능

력을 발휘할 수 있도록 교육시키고 있습니다. 미국에서 장애인이 정규 과정을 이수하여 교단에 서거나, 사회의 창조적인 역할을 감당하는 예가 많아지고 있습니다. F-1 비자 받을 조건이 되면, 장애인도 비자를 받을 수 있습니다. 또한 결혼 적령기를 놓친 여성이기 때문에 한국으로 다시 돌아오지 않을지도 모르겠다고 의심하더라도, 학구 목적과 재정 능력만 잘 증명하면 비자받는 데 문제가 없습니다. 재수생이나 가정주부도 마찬가지입니다. 안 된다는 선입견을 버리고 꿈을 실현하기 위한 강한 의지가 중요합니다.

 **법 상식 : 거절된 비자의 재심 청구**

F-1 비자를 거절당했을 경우에는 서류를 보강하여 재인터뷰를 신청할 수도 있습니다. 영사에 따라서는 거절하기 전에 보충 서류를 요구하여, 그것이 충족되면 F-1 비자를 발급해 주기도 합니다. 영사가 비자를 거절할 때에는 반드시 거절에 대한 법적·사실적 근거를 밝혀 주게 되어 있습니다. F-1 비자를 받을 요건을 갖추었는데도 불구하고 부당하게 인터뷰에서 떨어졌다고 생각되면, 영사 책임자(Supervising Consul on Officer)에게 재심을 요청할 수도 있습니다.

이때 한국 내에서 저명 인사의 추천서를 첨부하든가, 혹은 미국의 학교에 부탁하여 학교 당국의 편지 등을 의뢰하여 제출하면 도움이 될 수 있습니다.

A학교의 I-20를 가지고 미 대사관에서 학생 비자를 받았으면, 반드시 A학교에 등록해야 합니다. 그런데 간혹 A학교로 비자를 받고 나서 떠나기 얼마 전에 가고 싶었던 B학교에서 I-20가 오면, 미국 도착 후 B학교로 가서 등록하는 예가 있습니다. 이런 경우는 F-1 비자 위반이 되어 불법 체류가 됩니다. 따라서 반드시 비자를 받은 학교에 입학해야 하고, 그곳에서 일정 기간 지난 뒤 편입하는 절차를 받아야 합니다.

3) 인터뷰 예상 문제

문화적 이해 필요

⋮

언어적 이해 필요

⋮

복장과 예의 준수

⋮

통역관 이용

F-1 비자를 신청하기 위한 모든 서류를 갖추어 미 대사관에 제출하면, 미국 영사와 인터뷰를 하게 됩니다. 인터뷰 시 예의와 문화적 차이에 대한 이해가 많으면 많을수록 인터뷰 통과에 매우 유

리합니다. 미국 영사와 인터뷰할 때에는 반드시 눈을 바라보면서 (eye contact) 대화해야 합니다. 미국에선 눈을 피하면서 이야기하면 무엇인가 숨기고 있거나, 아니면 상대방을 무시하는 것으로 착각할 수 있습니다.

그리고 말을 할 때는 절대로 서두르지 말고 천천히 그리고 또박또박 말하면 됩니다. 미국 사람들은 천천히 이야기해도 끝까지 기다리는 참을성이 많은 편입니다.

유학의 목적 등을 영어로 말할 수 있으면 하되, 영어에 자신이 없으면 영어로 실수하지 말고 통역관의 도움을 받는 것이 현명합니다. 그러나 영어에 어느 정도 자신이 있으면, 영어로 듣고 대답하는 것이 영사에게 더 좋은 인상을 줄 수도 있습니다. 즉 영어대화가 가능하다는 것은 미국에서 공부할 능력이 있음을 밝혀 주는 것이기 때문입니다.

따라서 예상되는 F-1 비자 인터뷰 질문들을 미리 이해하고 인터뷰에 임하면, 당황하지 않고 자기에 맞는 대답을 조리 있게 할 수 있을 것입니다. 미국 영사가 묻는 질문의 주요 내용은 이미 살펴본 F-1 비자 요건에 해당되는 사람인가를 재확인하는 데 역점을 두고 있습니다.

1. Q: What is the purpose of your study?

문: 당신의 공부 목적은 무엇입니까?

A: The reason for my study is to pursue my Bachelor's

degree in international relations.

답: 저의 공부 목적은 국제 관계에 관한 학사 학위를 받는 것입니다.

2. Q: Why do you want to study in the U.S.?

문: 왜 미국에서 공부하기를 원합니까?

A: I chose the U.S., because it is a leader in the field of international relations and because of the advanced educational system. A degree from the U.S. is a big benefit in the job market in Korea.

답: 제가 미국을 선택한 이유는 미국이 국제 관계 분야에 있어서는 세계의 주도국 나라이고, 또한 선진 교육 제도를 갖추고 있기 때문입니다. 미국에서 받은 학위는 한국 직장에서 큰 도움이 될 것입니다.

3. Q: What are you going to do after you finish your study in the U.S.?

문:미국에서 공부를 마친 뒤 무엇을 할 예정입니까?

A: I will return to Korea to pursue my employment with Seoul Trading Company.

답: 저는 한국으로 돌아와서 서울무역회사에서 일하고 싶습니다.

4. Q: What are you going to do after you receive your
B.A. degree in the U.S.?

문: 미국에서 학사 학위를 받은 후 무엇을 할 예정입니까?

A: I will continue to pusue a Master's degree in the U.S.

답: 미국에서 석사 학위 과정을 계속 공부할 것입니다.

5. Q: What do you know about your school?

문: 당신이 입학하고자 하는 학교에 대해 아는 바를 말해 보
십시오.

A: I will be attending the American University, located
in Washington, D.C. It is well known for interna-
tional affairs.

답: 제가 입학할 아메리칸 대학교는 워싱턴 D.C.에 있습니다.
이 학교는 국제 관계 분야에서 많이 알려져 있습니다.

6. Q: Who is responsible for your tuition and financial
support?

문: 누가 당신의 학비와 재정적 후원을 합니까?

A: My father.

답: 아버지입니다.

7. Q: What does your father do for a living?

문: 당신 아버지의 직업은 무엇입니까?

  I. 학생 비자

A: My father works for Hanil Company as a vice president.

답: 아버지는 한일회사의 부사장입니다.

8. Q: Do you have any family living in the U.S.?

문: 미국에 거주하는 가족이 있습니까?

A1: No, I don't.

답: 미국에 가족이 없습니다.

A2: Yes, my sister is studying for her Master's degree at the American University in Washington, D.C.

답: 예, 누나가 워싱턴 D.C.에 있는 아메리칸 대학교에서 석사 학위 과정을 공부하고 있습니다.

9. Q: Who helped you get your I-20?

문: 누가 I-20를 받는 데 도움을 주었습니까?

A1: I applied for it by myself.

답: 수속을 스스로 했습니다.

A2: The overseas study institute helped me with my application.

답: 유학원의 도움으로 했습니다.

10. Q: What is your GPA in Korea?

문: 당신의 한국에서의 성적은 어떻습니까?

A: My GPA is 3.4 on a 4.0 scale.

답: 저의 성적은 4.0만점에 3.4입니다.

11. Q: What were your grades in English in your school?

문: 학교에서의 성적 중에 영어 성적은 어떻습니까?

A: My English grades were good. I had a B average in English classes.

답: 저의 영어 성적은 좋은 편입니다. 영어 성적은 평균 B학점을 받았습니다.

12. Q: Do you think you know enough English to study in the U.S.?

문: 당신은 미국에서 공부할 수 있을 정도의 영어를 알고 있다고 생각합니까?

A: Yes, I feel I know enough English knowledge to study in the U.S. My TOEFL score is 100.

답: 예, 제가 생각하기로는 충분한 영어 실력이 있어서 미국에서 공부하는 데 지장이 없다고 생각합니다. 또한 저의 토플 성적은 100점입니다.

13. Q: If you don't have a TOEFL score, how are you going to study in the U.S.?

문: 토플 성적이 없는 상황에서, 어떻게 미국에서 공부할 예

정입니까?

A: I am going to attend a language school in the U.S. to prepare for taking TOEFL.

답: 저는 미국에서 언어 학교를 다니면서 토플 시험을 준비하려고 합니다.

14. Q: What are your plans upon completion of your language school program?

문: 언어 학교를 마친 뒤의 계획은 무엇입니까?

A: After receiving a TOEFL score, I will apply for admission to a university to pursue my education.

답: 토플 성적을 받은 후, 저의 공부를 위한 대학 입학을 추진할 것입니다.

6. 미국 입국 후 학생 비자 유지

1) 입국 심사

입국 심사 인터뷰

⋮

체류 허가증(I-94) 발급

⋮

세관 신고 여부 확인

한국을 떠나면 미 본토 첫 도착지인 공항에서 국토안보부 산하 이민국 직원의 입국 심사를 받게 됩니다. 미국 공항에 도착하기 전, 비행기 안에서 나눠 주는 체류 허가증(I-94)을 잘 기입하여 입국 심사할 때 제출해야 합니다.

공항에 도착하여 입국 심사관에게 I-20 원본과 여권, 그리고 체류 허가증을 제출하면, 입국 심사관이 학교나 학생의 공부 목적에 대해 다시 한 번 질문할 수도 있습니다. 따라서 미 대사관에 제출했던 모든 서류를 항상 지참하는 것이 좋습니다. 입국 심사관은 I-20을 확인해 보고 모든 조건이 합당하다고 인정되면 체류 허가증(I-94)에 체류 비자와 체류 허용 기간을 기입하여 발급해 줍니다.

Q & A

Q: 체류 허가증(I-94)에 이름은 어떻게 기록합니까?

A: 체류 허가증에 이름을 기입할 때는 여권과 비자에 나와 있는 영문 이름 철자 그대로 써야 합니다. 중간 이름(Middle name)이 있는지 여부에 따라 맞게 기록해야 합니다. 영문이름이 다른 경우, 미국 내에서 운전 면허증을 신청하거나 다른 서류를 신청할 때, 지연되거나 거절되는 불이익을 받을 수도 있습니다.

Q: 체류 허가증의 생년월일을 쓸 때 주의 사항은 무엇입니까?

A: 체류 허가증의 질문 내용을 잘 읽어서 출생한 날을 먼저 쓰고, 그다음에 달, 그리고 태어난 연도 순으로 쓰면 됩니다. 생년월일을 잘못 기입하면 다른 사람이 될 수 있으니 신분상 불이익이 없도록 조심해야 합니다.

 **체험담 : 복사본 I-20**

갑돌이는 I-20가 매우 중요한 서류인지라, 미국 입국 시 I-20 원본을 분실할 것을 염려하여 집에 잘 놔두고 왔던 것입니다. 입국 심사관은 I-20 원본 대신에 복사본을 제출한 그에게 원본 없이는 입국을 시켜줄 수 없다고 하였습니다. 결국 갑돌이는 입국 거절이 되어 한국으로 다시 돌아가야 하는 불편을 겪고 말았습니다.

 **법 상식 : I-20**

갑돌이와 같은 경우, 공항에서 일단 입국이 가능할 수도 있습니다. 입국 심사관에게 학교 관계자에게 연락할 수 있게 조치를 부탁하고, 학교 관계자에게 상황을 설명하고 입학 학생과 I-20를 확인해 주는 학교 관련 서류를 공항 입국 심사관에게 팩스로 보내 주면, 입국 심사를 통과할 수도 있습니다.

2) 체류 허가증(I-94)

입국 심사에 통과하면, 입국 심사관은 I-20 원본에 이민국 도장을 찍어 줍니다. 그리고 체류 허가증을 발급해 주는데, 체류 비자를 F-1이라고 쓰고, 체류 기간을 D/S라고 기입해 줍니다. F-1 비자 신분 자격으로 D/S(Duration of Status), 즉 공부를 계속하는 한 미국 내에서 체류할 수 있습니다. 따라서 학생일 경우에는 일정한 체류

기간을 언급하지 않고, I-20상의 과정이 유효하고 연장되는 한, 계
속 공부를 할 수 있다는 뜻입니다.

Q & A

Q: 체류 허가증(I-94)과 비자는 어떻게 다릅니까?

A: 미 대사관에서 여권에 발급 받은 F-1 비자를 입국사증(Per-
mit to enter)라고 합니다. 즉, 입국사증이 있어야만 미국 입국
이 가능합니다. 반면에, 체류 허가증(I-94)은 미국 체류를 허
락해 주는 증명서(Permit to stay)입니다. 따라서 일단 미국에
입국하게 되면 체류 허가증의 비자 종류와 체류 기간에 의
해 체류해야 합니다.

Q: 여권에 있는 비자는 만기되었으나, 체류 허가증에는 아직
도 D/S로 되어 있으면 불법 체류가 됩니까?

A: 아닙니다. 여권에 비자가 만기되었다 하더라도, 미국 내에
서 합법적인 학생 신분을 유지하고 있으면 불법 체류가 아
닙니다. 단지 한국을 방문하고 다시 재입국할 때에는 미 대
사관에 가서 F-1 비자를 재발급 받으면 됩니다.

Q: 세관 신고서를 기입할 때 주의 사항은 무엇이 있습니까?

A: 미국 입국 시 비행기 안에서 세관 신고서(Customs Declaration)를 나누어 주어 기입하도록 합니다. 세관 신고서에는 소지한 물품 및 현금을 보고하게 되어 있습니다. 만약 1만 달러 이상 소지할 경우 반드시 세관 신고서에 기입해야 합니다. 유학 자금으로 1만 달러 이상 지참하고 있으면서 실수로 보고하지 않을 경우, 1만 달러 이상의 돈이 발견되면 모두 압수당할 수 있습니다.

Q: 1만 달러의 계산은 어떻게 합니까?
A: 1만 달러 이상이라 함은 미국 달러와 한국 돈, 그리고 여행자 수표 등 지참하고 있는 모든 화폐 가치가 있는 것을 포함합니다.

Q: 1만 달러 이상을 보고하면 불이익이 있습니까?
A: 없습니다. 솔직하게 보고하고, 사용처를 물으면 정당한 사유를 밝히면 됩니다.

 **체험담 : 세관에 보고되지 않은 현금**

갑순이는 미국 공항으로 입국할 때 미화 9,800달러와 한국 돈 100만 원이 있었습니다. 미국 돈이 1만 달러가 아니라고 믿고 세관 신고서에 표시를 하지 않았습니다. 그러다가 짐 검사 중에 한국 돈과 합친 것이 1만 달러가 넘었으므로, 결국 돈의 전부를 미국 세관에 몰수 당하고 말았습니다. 결국 변호사를 통해 돈의 합법적인

출처와 사용 목적을 밝히고, 수수료를 뺀 나머지를 환불받을 수 있었습니다.

이와 같은 법의 무지와 이해 부족으로 인한 수모와 시간 낭비, 그리고 비용 부담은 갑순이가 감당하기에는 너무나 큰 것이었습니다.

⚖ 법 상식 : 체류 허가증(I-94)

미국 입국 후 받은 체류 허가증(I-94)은 체류 신분상 제일 중요한 서류이므로 절대로 분실하는 일이 없도록 해야 합니다. 만약을 대비하여 체류 허가증의 사본을 만들어 따로 보관하는 것도 좋은 방법입니다. 만약 체류 허가증을 분실했을 경우에는 이민국을 통해 재발급을 받을 수 있습니다.

📄 어드바이스 : 비자에 명시된 학교의 I-20 제출

갑돌이는 캘리포니아 학교의 I-20로 F-1 비자를 받고 입국하였습니다. 그런데 공항에서 입국 심사관에게는 뉴욕 학교의 I-20를 제출하였습니다. 처음 비자를 받은 캘리포니아 학교에 입학하지 않고 학교를 옮길 경우에는 새로운 학교로 학생 비자를 다시 받고 입국해야 합니다. 결국 갑돌이는 이민법 지식의 부족으로 입국 거절이 되고 말았습니다.

3) 학생 신분 유지

학교에 도착하면 먼저 학교 외국 학생 담당자(international student advisor)를 방문하여 도착 신고를 해야 합니다. 학생은 미국 입국 후 30일 이내에 학위 과정을 시작해야 합니다. 학교 등록을 하지 않으면 불법 체류가 됩니다. 풀타임으로 등록하는 한 합법적인 F-1 비자를 유지할 수 있습니다. I-20상의 과정 기간을 계속 연장하는 한 체류 허가증을 따로 연장할 필요는 없습니다. 간혹 체류 허가증에 D/S 대신에 만기일이 적혀 있는 경우에는 만기일 전에 이민국에 F-1 비자 연장 신청을 해야 합니다.

Q & A

Q: 같은 학교 내에서 전공을 바꿀 경우에는 어떻게 합니까?
A: 학교 측에 통보하고 새로운 I-20를 받아야 합니다.

Q: 학위 과정을 변경할 경우에는 어떻게 합니까?
A: 학교 측에 통보하고 새로운 I-20를 받아야 합니다. 다른 과정으로 바꾸려고 할 경우에는 처음 과정을 시작한 지 5개월이 지나야만 변경이 가능합니다.

Q: 병원 진료 이유로 한국에 4개월 정도 방문하면 입국 시 새

로운 I-20를 받아야 합니까?

A: 아닙니다. 5개월 미만의 일시적인 방문일 경우에는 새 I-20
가 필요 없습니다.

Q: 5개월 이내의 방문 후 공항에 입국할 때는 어떤 서류를 제
시해야 합니까?

A: 유효한 여권, 유효한 유학 비자, 현재의 유효한 I-20, 그리
고 재정 서류를 제시해야 합니다.

체험담 : 전학과 학생 비자의 유효

갑순이는 4년간 유효한 학생 비자를 받고 미국에 입국했습니다.
학교를 1년간 재학하던 중, 가정 사정으로 학비가 더 싼 학교로 전
학을 하였습니다. 그래서 새로운 입학 허가서를 새 학교에서 받고
전학한 학교에서 공부를 잘하고 있었습니다.

그러던 중 방학이 되어 한국을 방문하고 싶었는데, 친구 말에 의
하면 학교가 바뀌어서 한국에 가면 미 대사관에서 F-1 비자를 다
시 받아야 한다고 하여 그냥 포기하고 한국을 가지 않았다고 합니
다. 전문가나 미 대사관에 직접 문의해 보시면 정확한 답을 알 수
있는데, 친구나 비전문인의 풍문에 의존하는 것이 문제입니다. 갑
순이의 경우 여권에 받은 비자가 유효할 경우 미국 재입국이 가능
합니다.

비록 새로운 I-20를 발급받았거나 혹은 비자에 기재된 학교 또

는 교육 과정이 변경되었다 하더라도, 학생 비자를 반드시 새로 받을 필요는 없습니다. 단, 소지하고 있는 비자상의 SEVIS 번호와 새로운 I-20상의 SEVIS 번호가 서로 다른 경우에는 학생 비자를 다시 받을 것을 권장하고 있습니다. 따라서 SEVIS번호가 변경되었는지를 확인하는 것이 중요합니다.

 법 상식 : 학생의 동반 가족

학생의 동반 가족은 F-2 비자를 받게 됩니다. F-2 비자 소유자는 취업을 할 수 없습니다. 단, 학생의 배우자는 학교에 풀타임으로 재학할 수 없으나, 학교에 따라 파트타임 등록이 가능합니다. 그러나 학생의 자녀는 공립학교에 풀타임으로 재학할 수 있습니다.

법 상식 : 학칙 위반의 경우

정학이나 학칙 위반으로 인한 학위 지연은 I-20 연장 사유로 인정되지 않습니다. 이런 경우에는 학생 신분을 잃어 불법 체류가 될 수 있으므로 가능한 한 I-20에 명시한 기간 안에 학위를 마치는 것이 바람직합니다.

어드바이스 : 유학생 어머니의 방문

사립고등학교로 유학 온 학생을 돌보고자 어머니가 학생과 같이 체류하기를 원하는 경우가 많습니다. 그래서 방문 비자(B-2)를 통해 6개월 동안 학생을 돌보다가 출국한 뒤, 곧바로 다시 재입국을 시도하다 공항에서 적발되는 사례가 있습니다.

이럴 때에는 자녀의 I-20 사본을 제시하는 것이 좋습니다. 잦은 방문 때문에 생기는 경비와 시간을 절약하기 위해, 어머니가 미국 내에서 방문 비자를 6개월 더 연장하여 함께 체류하는 방법도 있습니다. 그러나 B-2 비자로 장기 체류하는 것은 금물입니다.

4) 학교 전학

막상 미국 학교에 와 보니, 학교가 치안이 안 좋은 곳에 있거나, 한국 학생이나 동양 학생이 너무 많아 영어 공부를 제대로 할 수 없어 학교 전학(school transfer)을 생각하는 경우가 있습니다. 혹은 생활비나 학비가 의외로 비싸서 할 수 없이 전학을 선택하기도 합니다. 전학을 하기 위해서는 반드시 학생 비자 신분을 유지하고 있어야 합니다. 만약 학생 신분을 잃었을 경우(out of status)에는 학생 비자 회복 신청(reinstatement)을 해야 합니다.

Q & A

Q: 학교를 전학하려면 제일 먼저 무엇을 해야 합니까?

A: 현재 학교(current school)에 전학 의사를 전하고, 전학할 학

교(trasnfer school)를 알려주어야 합니다.

Q: 현재 학교에서는 어떤 절차를 밟게 됩니까?

A: 현재 학교는 학생의 전학 의사와 해제 날짜를 SEVIS에 입력합니다. 학생의 현 학기가 끝날 때까지나 혹은 해제 날짜가 되기 전까지는 현재 학교가 학생을 계속 관리하게 됩니다.

Q: 언제 전학을 취소할 수 있습니까?

A: 학생의 요구가 있을 때는 해제 날짜 전에는 언제든지 취소처분을 할 수 있습니다.

Q: 언제 전학할 학교에서 새 I-20를 받습니까?

A: 해제 날짜가 지나면 새 학교에서는 SEVIS에 전학을 입력하고 전학을 위한 새 I-20를 발행해 줄 수 있습니다.

Q: 전학 중 새 I-20를 받으면 무슨 조치를 취해야 합니까?

A: 학생은 새 I-20상에 언급된 학사 과정 시작일로부터 15일 안에 외국 학생 담당자에게 보고해야 합니다. 보고 후, 학생은 등록을 해야 하고, 학교 측은 이를 SEVIS에 통보하면 전학 절차가 끝나게 됩니다.

학교를 전학할 경우, 현재 학교에서 받은 학교 내 취업 허가증이
나 전공 연수 허가증(Optional Practical Training: OPT) 카드는 취소가
됩니다. 따라서 전학할 때에는 비록 유효 기간이 남아 있는 취업증
이나 OPT 카드가 있다 할지라도, 새로운 학교에 의한 허락이 없는
한 합법적인 취업을 할 수 없습니다.

어드바이스 : 학교의 편입

미국과 동양권의 대학들 간에 가장 큰 차이점 중 하나가, 바로
동양의 학교들은 일단 학생이 입학하고 나면, 다른 학교로의 전학
이 어려운 반면, 미국에서는 학생이 타 대학으로 편입을 원할 경우
목표하는 학교에서 요구하는 자격 조건만 잘 갖춘 학생이라면 얼
마든지 가능하다는 것입니다.

따라서 유학을 시작할 시 본인이 원하는 학교에서 요구하는 자
격 조건을 갖추지 못하여 한두 단계 정도 학교 수준을 낮춰 입학
했다고 하더라도 1-2년간 열심히 최선을 다해 노력하고 편입을 위
한 준비를 갖춰 나간다면, 본인이 원했던 학교나 현재 학교보다 높
은 수준의 학교로 편입할 수 있습니다. 예를 들어, 버지니아 주에
위치한 2년제 단과대의 경우, 입학 시 학생이 버지니아 내에 있는
4년제 주립대로 편입을 원하면, 2년 동안 택해야 할 과목들이 정해
지며, 이를 우수한 성적으로 이수할 경우 목적하는 주립대학에 3

학년으로의 편입이 거의 반자동에 가깝다고 해도 과언이 아닐 것입니다.

전학을 할 때에는 반드시 충분한 시간을 가지고 전학할 학교로부터 I-20를 받은 뒤 전학하는 것이 바람직합니다. 한 학기가 끝나고 다음 학기가 시작할 때 전학할 학교에 등록할 수 있도록 계획을 세우면 공부의 맥이 끊기지 않아 좋습니다. 가능하면 방학을 이용하여 전학하면 여유가 있습니다.

전학 중에 본의 아니게 불법 체류 상태가 되는 예가 있으니, 학교 변경 시 주의가 요구됩니다. 따라서 전학할 때에는 모든 여건을 신중히 고려한 뒤 결정하는 것이 바람직합니다. 만약 잦은 전학을 해야 할 경우에는, 반드시 전문가의 자문을 받는 것이 중요합니다.

5) 학생 비자 회복 신청

학생 비자 상실 사유

⋮

학생 비자 회복 조건

⋮

학생 비자 회복 신청 방법

학생 비자 규칙을 위반할 경우, 학생 비자 신분을 상실하게 됩니다. 이럴 경우에는 학생 비자 회복 신청을 해야 합니다. 이를 위해서는 먼저 불법 체류가 된 지 5개월 내에 신청해야 합니다. 그리고 이민국에 학생비자 위반 사유가 개인 사정이 아닌 외부로부터 온, 스스로 컨트롤할 수 없는 부득이한 사정임을 보여주거나, 혹은 학생 비자 회복 신청이 거절되었을 경우 학생 자신이 받게 되는 극도의 어려움(extreme hardship)을 증명해야 합니다.

Q & A

Q: 가장 대표적인 학생 비자 상실 사유는 무엇입니까?

A: 풀타임으로 등록하지 않거나, 혹은 풀타임으로 등록하였더라도 학기 중에 학교 허락 없이 과목을 취소하거나 낙제 점수를 받을 때입니다.

Q: 불법 취업으로 인한 학생 비자 회복 신청을 할 수 있습니까?

A: 예, 할 수 있습니다. 그러나 회복 신청에 대한 조건을 충족해야만 합니다.

Q: 그 외에 다른 사유는 무엇이 있습니까?

A: 미국 입국 후 30일 안에 등록하지 않았을 경우나 학위를 마치고 60일 안에 출국하지 않았을 경우입니다.

Q: 학생 비자 회복 신청을 위한 5개월의 계산은 어느 시점부터 합니까?

A: 학생이 등록하지 않은 때나 혹은 학생 비자 위반 사유가 발생한 때를 기준으로 보고 계산합니다.

Q: 개인 사정이 아닌 부득이한 사정은 어떻게 증명합니까?

A: 본인에 의한 실수가 아닌 병원 입원, 질병, 학교의 실수, 천재지변 등입니다.

Q: 극도의 어려움을 어떻게 증명합니까?

A: 학생 비자 회복 신청이 안 되면, 그로 인해 받게 되는 커다란 교육 손실이나 커리어 장애 등을 밝히면 됩니다.

Q: 극도의 어려움과 부득이한 사정은 둘 다 증명해야 합니까?

A: 아닙니다. 본인에게 해당되는 것을 둘 중에 하나만 증명하셔도 됩니다. 둘 다 증명하시면 케이스가 더 확실해질 수 있습니다.

Q: 학생 비자 회복 신청을 하려면 제일 먼저 무엇부터 해야 합니까?

A: 학생 비자 신분을 회복하고자 하는 학교로부터 새 I-20를 받아야 합니다.

 **체험담 : 학생 비자 신분 회복**

갑순이는 봄학기에 풀타임으로 재학 중 향수병이 나서 공부에 집중할 수 없었습니다. 특히 본인이 싫어하는 화학 과목이 갈수록 더 어려워져, 교수님에게 이메일을 보내 본인의 병 상태와 화학의 어려움을 전했습니다. 그냥 계속하다가 화학 과목을 낙제 점수를 받는 것보다는 중간에 과목 취소를 하는 것이 낫다고 교수님이 설명해 주었습니다.

그래서 갑순이는 학기 중간에 화학 과목을 취소하게 되었고, 그로 인해 학교 측에서 신분 위반 통보를 받게 되었습니다. 갑순이는 아무것도 모르고 불법 신분이 된 것이 너무나 억울했습니다.

갑순이는 학생 비자 회복 신청을 이민국에 제출하기로 했습니다. 향수병이 결국 부득이한 사정이었음을 밝히고, 이에 대한 의사 진단서를 첨부했습니다. 그리고 교수의 자문대로 과목을 취소한 것이 본인의 실수가 아니라 교수의 지시대로 따라서 했고, 또한 그것이 교수의 잘못된 자문이었다고 설명했습니다. 첨가하여, 갑순이는 1년만 더 공부하면 대학을 졸업할 수 있기 때문에, 여기서 공부를 포기하고 돌아가면 그녀에게 교육상 극도의 어려움이 있으니, 학생 비자 회복 신청을 승인해 달라고 했습니다.

결국 갑순이는 이민국으로부터 승인 통지서를 받고, 기쁘게 다시 공부할 수 있게 되었습니다.

 **법 상식 : 늦은 학생 비자 회복 신청**

학생 비자 신분이 위반된지도 모르고 그냥 지나는 경우가 많습니다. 그래서 어떤 학생은 1년 정도 지난 뒤에서야 본인의 학사 처리가 잘못되어 불법이 된 것을 알게 되는 경우도 제법 있습니다. 이럴 경우, 5개월이 지났는데도 불구하고 예외적 상황(Exceptional Circumstances)을 증명하고, 속히 학생 비자 회복 신청을 하면 이민국에서 접수가 가능합니다.

어드바이스 : 학생 비자 회복 신청을 위한 준비

많은 학생들의 예를 보면, 병이 날 경우 대부분 참거나 약을 먹고 그냥 견디는 경우가 종종 있습니다. 그러나 향수병이나 위장병 등 내과 질환이 생길 경우에는 학교 보건소나 병원을 찾아가 반드시 진료를 받는 것이 중요합니다. 나중에 학생 비자 회복 신청을 할 때 이런 증명 서류가 없으면 케이스가 약해질 수 있습니다. 본인 자신의 건강 유지를 위해서뿐만 아니라 만약을 대비한 신분 회복 신청서의 결정적인 증거를 위해서라도, 의사를 만나는 것이 바람직합니다.

7. 학생 취업의 종류

일반적으로 학생 비자(F-1) 소유자는 취업을 할 수 없습니다. 그러나 학기 중이나 졸업 후에 일정한 요건을 갖추면 취업을 할 수 있는 길이 있습니다. 학생의 취업은 크게 교내 취업과 교외 취업으로 구분되고, 졸업 전과 졸업 후의 요건이 각각 다릅니다. 여기서는 학생 취업이 가능한 종류들을 소개하고 분석해 보도록 하겠습니다.

1) 졸업 전후 전공 실습 허가증(OPT)

전공 실습 허가증(Optional Practical Training)은 졸업 전과 졸업 후에 신청할 수 있습니다.

Q & A

Q: OPT 전공 실습 허가증은 무엇입니까?

A: 전공 실습 허가증(OPT: Optional Practical Training)은 일종의
학생 취업 허가증으로서, 학생이 전공 관련 분야에 취업하
여 실직적인 경험을 얻는 데 목적이 있습니다. OPT는 졸업
전(Pre-Graduation)과 졸업 후(Post-Graduation)에 신청할 수 있
습니다.

Q: OPT를 신청할 수 있는 자격은 무엇입니까?

A: 최소한 1년 학기를 등록한 풀타임 학생이 신청할 수 있습니
다. 그러나 특별한 프로그램에 있는 대학원생은 예외가 있
습니다.

Q: 졸업 전에 신청하는 OPT는 무슨 제한이 있습니까?

A: 학기 중에는 20시간을 넘기지 못하며, 방학 중에는 풀타임
으로 일할 수 있습니다.

Q: 졸업 후에 신청하는 OPT는 무슨 제한이 있습니까?

A: 졸업 후의 OPT는 12개월간 취업할 수 있습니다. 그러나
OPT 카드를 받고 전공 분야에 90일 안에 취업이 되지 않을
시에는 OPT가 취소됩니다.

Q: OPT는 언제 신청할 수 있습니까?

A: 졸업 후 OPT를 받기 위해서는 프로그램을 마치기 90일 전
이나 프로그램이 끝난 뒤 60일 이내에 신청해야 합니다.

Q: OPT는 어떻게 신청합니까?

A: 학교 측의 추천을 통해 I-765 임시 취업 청원서 등 관련 서
류를 이민국에 접수하면 노동 허가증(Employment Authoriza-
tion Document: EAD)을 받게 됩니다.

Q: 90일은 언제부터 시작입니까?

A: OPT가 허락된 첫날부터 시작됩니다.

Q: 90일 안에 취업을 하지 못하면, 언제까지 미국을 떠나야 합
니까?

A: 유예 기간이 없는 관계로 91일이 되기 전에 출국하는 것이
좋습니다.

Q: 전공 분야와 관련된 직종이란 것은 어떻게 알 수 있습니까?

A: 이민법상 정확한 정의는 없으나, 전공 분야와 관련된 직종
여부는 학교 담당자와 재확인하는 것이 좋습니다.

Q: 90일 안에 전공 분야에 파트타임으로 취업해도 됩니까?

A: 예, 됩니다.

Q: 90일 안에 전공 분야의 여러 고용주에 취업해도 됩니까?
A: 예, 됩니다.

Q: 90일 안에 전공 분야에 자원 봉사하는 것도 됩니까?
A: 예, 무보수의 자원 봉사나 연구도 해당됩니다.

Q: 90일 안에 전공 분야의 사업을 개장해도 됩니까?
A: 예, 됩니다. 그러나 사업 면허를 받은 후에 할 수 있습니다.

Q: 90일 안에 전공 분야의 프리랜서로 일할 수 있습니까?
A: 예, 프리랜서(Independent Contractor)로 일할 수 있으나, 계약서와 같은 증거를 보관해야 합니다.

Q: OPT는 언제 끝나게 됩니까?
A: 90일 안에 취업을 못하거나, 학교를 전학할 경우, 혹은 다른 교육 과정을 시작할 때 OPT는 자동으로 말소됩니다.

2) STEM 연장 신청

STEM 전공 분야를 공부하는 학생들은 OPT 기간의 연장을 받을 수 있습니다.

Q & A

Q: STEM 연장 신청은 누가 할 수 있습니까?

A: 미국에서 학사, 석사, 혹은 박사 학위를 받은 학생 중 STEM
전공 분야, 즉 과학(Science), 응용과학(Technology), 공학(Engi-
neering), 혹은 수학(Mathematics)을 이수한 학생들입니다.

Q: 전문대학 졸업자도 가능합니까?

A: 안 됩니다. 최소한 4년제 대학 졸업자 이상이어야 합니다.

Q: STEM 연장은 얼마나 됩니까?

A: 12개월의 OPT 기간 후에 17개월의 연장이 가능합니다.

Q: STEM 연장 신청 시 고용주의 의무는 무엇입니까?

A: 고용주는 E-Verify Program에 등록해야 하고, 학생의 취업
이 끝나면 48시간 안에 보고해야 합니다.

Q: STEM 연장 신청 중에는 취업이 가능합니까?

A: OPT 기간 만료 전에 STEM 연장 신청을 했을 경우 OPT는
180일까지 자동으로 연장됩니다.

Q: STEM의 연장 시기는 언제부터 언제까지입니까?

A: OPT가 끝나는 날 다음부터 연장 시기가 시작됩니다.

Q: STEM은 언제 끝납니까?

A: STEM 학생의 29개월간의 OPT 기간 중, 총 120일 이상 취업을 하지 못하면, 자동으로 말소됩니다. 학교 전학이나 다른 교육 과정 시작 시에도 끝나게 됩니다.

3) 교과 실습 허가증(CPT)

학교 재학 중에 교과 과정의 일부로 취업이 가능합니다.

Q & A

Q: CPT 교과 실습 허가증은 무엇입니까?

A: 교과 실습 허가증(CPT -Curricular Practical Training)은 학생의 교육 과정 중에만 할 수 있습니다. 따라서 CPT는 교육의 한 과정으로서 취업이나 인턴십 등을 하는 것입니다.

Q: CPT는 누가 신청할 수 있습니까?

A: 최소한 1년 학기를 풀타임으로 등록하고, 좋은 학사 관리를 유지한 학생이 할 수 있습니다.

Q: CPT 신청 시 대학원생에 대한 예외는 없습니까?

A: 있습니다. 대학원 과정에 CPT를 요구하는 프로그램이 있을

경우, 1년 학기를 지나지 않아도 신청이 가능합니다.

Q: CPT를 신청할 수 있는 조건은 무엇입니까?

A: 트레이닝 취업이 학위를 취득하는 데 꼭 필요한 과정이거나, 혹은 트레이닝 취업이 학점을 취득하는 데 필수적일 때 신청이 가능합니다.

Q: CPT는 파트타임과 풀타임이 가능합니까?

A: 예, 파트타임은 20시간까지, 그리고 풀타임은 20시간 이상입니다.

Q: CPT를 하면, 나중에 OPT를 하는 데 제한이 있습니까?

A: 예, 20시간이나 그 미만으로 일하는 파트타임 CPT를 2년 이상 했을 경우, 졸업 후에 OPT를 받을 수 없습니다. 20시간 이상의 풀타임 CPT를 1년 이상 했을 경우에도 졸업 후 OPT를 신청할 수 없습니다.

4) 교내외 취업

학교 내에서, 그리고 학교 밖에서 취업이 가능하나 자격 요건이 매우 다릅니다.

Q & A

Q: 교내 취업은 무엇입니까?

A: 교내 취업(On-Campus Employment)은 학교 내의 도서실, 서점, 식당 등에서 취업하는 것을 말합니다.

Q: 교내 취업도 1년 학기를 지나야만 할 수 있습니까?

A: 아닙니다. 교내 취업은 처음으로 F-1 비자에 등록한 후에도 할 수 있습니다.

Q: 교내 취업은 몇 시간을 할 수 있습니까?

A: 학기 중에는 20시간, 방학중에는 풀타임으로 할 수 있습니다.

Q: 학교 밖의 학교 시설에서 일할 수 있습니까?

A: 예, 학교 밖의 학교 관련 시설에서 취업하거나 혹은 공부 과정과 관련된 취업은 교내 취업으로 인정해 줍니다.

Q: 교내 취업은 언제 끝납니까?

A: 학생이 다른 학교로 전학하거나, 공부 과정을 마치면 취업을 할 수 없습니다.

Q: 교외 취업은 누가 신청할 수 있습니까?

A: 교외 취업(Off-Campus Employment)은 심각한 경제적 곤란

(severe economic hardship)을 겪는 학생이 신청할 수 있습니다.

Q: 교외 취업의 조건은 무엇입니까?

A: 최소한 1년 학기를 풀타임으로 등록하였고, 심각한 경제적 곤란이 예상 밖의 일이거나(unforeseen), 또한 학생의 능력 밖의 사유(beyond the student's control)가 있어야 합니다.

Q: 심각한 경제적 곤란은 어떤 경우가 있습니까?

A: 학비 재정 지원의 단절, 환율의 급격한 변화, 학비와 생활비의 급격한 인상, 치료비와 같은 예상치 않은 상당한 비용 지불 등입니다.

Q: 교외 취업은 어떻게 신청합니까?

A: 학교의 추천으로 이민국에서 EAD카드를 받고 취업합니다.

Q: 교외 취업의 EAD카드는 얼마 동안 유효합니까?

A: 1년 동안 유효합니다.

Q: EAD카드는 연장이 가능합니까?

A: 예, 학위 과정이 끝날 때까지 연장이 가능합니다.

Q: 교외 취업은 전공 관련 분야에서 취업해야 합니까?

A: 아닙니다. 취업 제한을 받지 않아도 되고, 전공과 관련 없는

분야에 취업해도 무관합니다.

Q: 교외 취업은 언제 끝납니까?
A: 학교를 전학하거나, 학생 신분을 유지하지 못했을 때 끝나
게 됩니다.

 **체험담 : 학사 학위에 한 번의 OPT**

갑돌이는 회계학으로 학사 학위를 받고 OPT를 신청하였습니다. 12개월 동안 OPT를 가지고 회계사 사무실에서 일을 한 뒤, 다시 경영학 학사 학위 과정을 하였습니다. 두 번째 학위인 경영학 학사를 마친 뒤, 갑돌이는 또 OPT를 신청하여 취업을 하고 싶었습니다. 그러나 갑돌이는 OPT를 받을 수 없었습니다. 그 이유는 학사 학위보다 더 높은 학위를 하지 않는 한, 갑돌이에게는 한 번의 OPT만 할 수 있기 때문이었습니다. 그래서 갑돌이는 결국 대학원 MBA과정 졸업 후, 새로운 OPT를 받을 수 있었습니다.

 **법 상식 : OPT 신청 시기**

OPT의 유효 기간은 12개월이고, 학위 과정이 끝난 후 14개월 안에만 OPT를 사용할 수 있습니다. 따라서 OPT 신청은 가능한 한 졸업하기 2-3개월 전에 미리 신청하는 것이 좋습니다. 왜냐하면 OPT 신청 후 EAD카드를 받는 데 소요되는 기간이 약 2~3개월 걸

리기 때문입니다. 만약 졸업 후에 OPT를 신청하면 EAD카드를 받는 데까지 소요되는 기간만큼 OPT 기간이 줄어들 수 있습니다.

어드바이스 : 학위 중엔 CPT 활용 유리

졸업 전에 OPT를 사용할 경우, 졸업 후에 받는 12개월의 OPT 기간에서 빠지게 됩니다. 따라서 졸업 전에는 가능하면 OPT 사용을 삼가하고, 그 대신 CPT를 사용하는 것이 좋습니다. CPT도 OPT의 12개월에 지장이 없는 범위 내에서 사용하면 졸업 후 새로운 계획을 세우는 데 필요한 체류 신분 유지에 큰 도움이 될 수 있습니다. 단 졸업 전에 OPT를 신청할 경우, 졸업을 할 수 있는 전제하에 OPT를 신청해야 합니다. 졸업을 못했을 경우 12개월의 OPT 기간을 졸업 후 제대로 사용하지 못할 수도 있습니다.

II

비이민 비자

Non Immigrant Visas

1. 방문 관련 비자

2. 학생과 연수에 관한 비자

3. 단기 취업 관련 비자

A 비자	외교관 비자
B 비자	상용 비자, 방문 비자
C 비자	통과 비자
D 비자	선원, 승무원 비자
E 비자	무역인 비자, 투자 비자
F 비자	학생 비자
G 비자	국제 기구 비자
H 비자	단기 취업 비자
I 비자	기자 비자
J 비자	교환 연수 비자
K 비자	약혼자 비자
L 비자	주재원 비자
M 비자	직업 훈련 학생 비자
O 비자	특기자 비자
P 비자	공연 비자
Q 비자	국제 문화 교류 비자
R 비자	종교 비자

1. 방문 관련 비자

1) F-1에서 VW(무비자)로

무비자 입국

⋮

90일 체류

⋮

비자 연장 불가

⋮

비자 변경 불가

⋮

F-1에서 무비자 변경 불가

무비자를 소위 'Visa Waiver Program'(VWP)라고 하며, 미국 비자 없이 미국을 방문할 수 있는 제도입니다. 현재 무비자국에 해당되는 국가는 세계 35개국이 있으며, 대부분이 영국과 프랑스 등 유럽 국가들이며, 아시아에서는 일본과 한국, 그리고 싱가포르, 세 나라뿐입니다.

무비자의 목적은 사업이나 관광 등입니다. 사업차 입국할 때에는 미 공항에서 I-94에 WB라고 적어 주고, 관광으로 입국할 때에는 I-94에 WT라고 기입해 줍니다. 따라서 공항에서 방문 목적을 물을 때는 정확한 방문 이유를 밝히고, 그 이유에 합당한 증명 서류를 지참하면 됩니다.

F-1 비자 소유자가 미국 내에서 무비자로 변경할 수는 없습니다. 무비자는 한국에서 미국으로 입국을 허가해 주는 제도이지, 미국 내에서 무비자로 변경이 가능한 것은 아닙니다.

Q & A

Q: 무비자로 입국하려면 제일 먼저 어떻게 해야 합니까?

A: 전자 여행 허가 신청(Electronic System for Travel Authorization- ESTA)을 먼저 받고, 전자 여권과 함께 여행하시면 됩니다.

Q: US-VISIT 시스템은 무엇입니까?

A: 9·11 테러 이후 미 국토안보부는 모든 비이민 비자 입국자

의 입국 심사를 강화하였습니다. 이것은 소위 US-VISIT(U.S. Visitor Immigrant Status Indicator Technology) 프로그램이라고 합니다. 미국 공항 입국 시 전자 지문 날인을 하고 사진도 찍게 됩니다. 이런 신상 조사는 미 국무부와 연결되어 미 대사관에서 비자를 신청한 사람과 동일인인지를 확인하게 됩니다. 출국 시에도 입국자의 출국을 재확인하는 절차를 밟기도 합니다.

Q: 무비자로 입국하면 얼마 동안 체류할 수 있습니까?

A: 미 공항에 도착하면 무비자 입국자의 체류 허가증(I-94)에 90일 동안 유효한 체류 기간을 줍니다.

Q: 무비자 입국 후 사정이 생길 경우, 비자 연장이 가능합니까?

A: 무비자로 입국한 자는 이민국을 통해 비자 연장이 안 됩니다. 따라서 반드시 지정된 날짜 전에 출국하고 재입국을 하셔야 합니다.

Q: 무비자로 입국한 뒤, 학생 비자로 변경할 수 있습니까?

A: 할 수 없습니다. 무비자로 입국한 자는 비자 변경을 할 수 없습니다. 이것이 바로 무비자의 단점이기도 합니다.

Q: 공부가 끝나서 한국으로 돌아간 뒤, 다시 무비자로 미국 입국이 가능합니까?

A: 예, 가능합니다.

Q: 이럴 때 재입국 시 주의 사항은 무엇이 있습니까?
A: 학생으로 장기 체류를 하였는데 왜 다시 미국을 방문해야
되는지에 대한 사유를 밝히면 됩니다.

Q: F-1 비자 소유자가 무비자로 미국을 재입국할 때의 사유는
무엇이 있을까요?
A: 졸업 후 미처 못 마친 이삿짐 정리나, 남은 학사 처리, 교수
나 친구 방문 등이 있습니다.

체험담 : 무비자 입국 시 주의 사항

갑돌이는 무비자로 미국에 가면 취업도 하고 오래 살 수 있다고
생각했습니다. 그래서 편도행 비행기표만 가지고 이삿짐을 싸들고
미국에 도착했습니다. 그런데 미 공항에서 이민 심사관이 갑돌이
의 비행기표를 확인해 보니 왕복 비행기표가 아니었고, 또한 방문
목적에 맞지 않는 그의 많은 짐을 보고 입국심사관은 갑돌이의 입
국을 취소시키고 말았습니다.

갑돌이는 무비자로 입국할 때에도 다른 비자 입국자와 똑같이
입국 심사를 받는다는 것을 몰랐습니다. 결국 갑돌이는 입국이 거
절되고 말았습니다.

 **법 상식 : 무비자 입국 시 영주권 신청 가능한 자**

무비자로 입국하면 영주권으로 신분 변경을 할 수 없는데 예외 규정이 있습니다. 미 시민권자와 결혼하거나, 미 시민권자의 부모, 혹은 시민권자의 21세 미만 미혼 자녀일 경우에는 무비자로 입국 후 일정한 조건을 갖추면 미국 내에서 영주권 신청이 가능합니다.

어드바이스 : 무비자로 학교 탐방

본인에게 맞는 학교를 선택하기 위해, 여러 미 대학교를 방문해 보는 것은 아주 좋은 생각입니다. 물론 경비가 문제는 되겠지만, 여유가 있을 경우에는 권장할 만합니다. 미국의 고등학생들은 대학 입학 전에 자기가 가고 싶어 하는 학교 중에 5-6개 정도 방문한 뒤, 최종적으로 학교를 선택합니다. 학교 탐방차 미국 입국을 빠른 시간 안에 속히 하고자 할 때, 무비자로 입국하면 편리할 수 있습니다.

2) F-1에서 B-1(상용 비자)로

사업 목적

⋮

취업 목적 방문 불가

⋮

비자 연장 가능

⋮

F-1에서 B-1으로 변경 가능

상용 비자의 주목적은 회사 일로 미국 출장을 가야 할 경우나, 사업차 미국에서 비즈니스를 처리하기 위해 짧은 기간 동안 방문하는 것입니다. 따라서 상용 비자를 가지고 미국 내에서 직장(employment)을 구하는 것은 상용 비자의 합법적 행위(Legitimate activities)가 되지 않습니다.

F-1 비자 소유자가 미국 내에서 상용 목적이 있을 경우, 상용 비자(B-1)로 변경이 가능합니다.

Q & A

Q: 상용 비자는 어떻게 받습니까?

A: 미 대사관에 신청하며, 상용 목적을 증명하는 서류를 첨부하면 됩니다.

DS-160, 초청장, 상용 목적 증명 서류, 재직 증명서, 여권 수수료 등이 있습니다.

Q: 상용 비자로 입국하면 얼마 동안 미국 체류가 가능합니까?

A: 미 공항 입국 시 이민 심사관은 통상적으로 "방문 목적이

무엇이냐"라고 묻습니다. 이럴 때 사업차 방문이라고 하면
보통 3개월간 유효한 체류허가를 승인해 줍니다.

Q: 사업상 3개월 이상의 기간이 필요할 때는 어떻게 하면 됩
니까?

A: 공항에서 이민 심사관에게 3개월 이상 체류해야 하는 사유
를 밝히고, 사업상 필요한 체류 기간을 요구할 수 있습니다.

Q: 미국 입국 후, 체류 연장 사유가 발생했을 때에는 어떻게
하면 됩니까?

A: 미 이민국을 통해 체류 연장 신청을 할 수 있습니다. 보통 6
개월까지 연장이 가능합니다. 특별한 사정을 제시할 수 있
으면 체류 연장을 더 받을 수도 있습니다.

Q: 체류 연장 신청은 어디서 하고, 구비 서류는 무엇입니까?

A: 이민국에 접수하며, 다음의 서류와 함께 제출하면 됩니다.

- I-539 서식
- 연장 사유서 및 증명 서류
- 여권 사본
- I-94 사본
- 이민국 수수료

Q: 이민국에서 체류 연장을 받는 데 소요되는 기간은 얼마나
걸립니까?

A: 보통 1-3개월 정도 걸립니다. 따라서 I-94상의 체류 기간이
만료되기 전에 미리 신청하시는 것이 좋습니다.

Q: F-1에서 B-1으로 변경하고자 할 때 어떤 조건이 필요합니까?

A: 사업체 물색이나 회사 방문 등 몇 개월간의 짧은 기간의 상
용 목적이 있을 경우 변경 신청을 할 수 있습니다.

Q: 비자 변경 시 주의 사항은 무엇입니까?

A: F-1에서 B-1으로 바꾸면, 다시 F-1으로 돌아오기가 쉽지 않
습니다. 따라서 공부가 끝나고 한국으로 돌아가기 전에 급
히 미국 내에서 일을 처리하고자 할 때 신청하시면 됩니다.

Q: 비자 변경은 어떻게 합니까?

A: 비자 연장 신청 서류와 비슷하며, 단지 변경 사유만 밝히면
됩니다.

Q: 미국에서 B-1으로 바꾸면, 미국 재입국이 가능합니까?

A: 미국 내의 이민국에서 바꾼 비자는 미국을 떠남과 동시에
무효가 되기 때문에 미국에 재입국을 하시려면, 미 대사관
에서 다시 B-1 비자를 받든지, 아니면 무비자로 재입국을
하시면 됩니다.

 **체험담 : 까다로운 입국심사관의 인터뷰**

갑돌이는 공항의 이민 심사관이 "방문 목적이 무엇입니까?"라고 묻길래, "사업차 방문"이라고 대답했습니다. 그랬더니, "얼마나 체류할 것입니까?"라고 재차 물어서 약 한 달간 미국에 체류할 것이라고 했습니다. 그다음엔 "어디에서 머물 것입니까?"라고 또 물어서 친구 집에서 머물 것이라고 대답했습니다. 이제는 친구 집의 주소가 어떻게 되느냐고 꼬치꼬치 캐묻더니, 마지막으로 "왜 비행기표에 돌아가는 날짜가 없는 오픈 티켓을 가져왔습니까?"라고 물었습니다. 입국 심사관은 뭔가 의심스러웠는지 체류 허가증(I-94)에 한 달 체류 허가만 찍어 주었습니다.

이럴 때는 입국 심사관에게 명함(Business Card)이나 사업 증명 서류를 보여주고 잘 설명하면 됩니다. 결국 갑돌이는 미국 내에서 체류 연장을 통해 비즈니스를 성공리에 마칠 수 있었습니다.

 **법 상식 : 미국 내 비자 변경**

상용 비자로 입국한 경우에도 상황에 따라서는 학생 비자나 다른 비이민 비자로의 변경이 가능합니다. 그러나 상용 비자의 체류 기간이 보통 3개월이라서, 비자 변경 시 3개월이 되기 바로 전에 신청해야 계획적으로 입국했다는 의심을 피할 수 있습니다.

상용의 목적으로 입국할 때에는 미 대사관에 제출했던 사업 증명 서류를 가지고 오시는 것이 바람직합니다. 공항에서 제일 의심하는 것은 비즈니스 목적인지, 아니면 취업하여 월급을 받는 목적인지 하는 것입니다. 따라서 불법 취업의 의도가 없다는 것을 분명히 밝히는 것이 중요합니다.

3) F-1에서 B-2(방문 비자)로

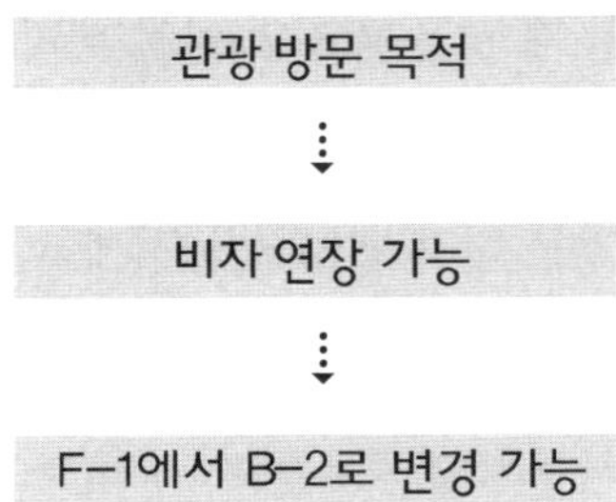

방문 비자의 주목적은 관광, 친지 방문 등입니다. 무비자국에 해당되지 않는 나라의 국민들은 반드시 방문 비자가 있어야 미국 방문이 가능합니다. F-1 비자 소유자는 미국 내에서 B-2(방문 비자)로 변경이 가능합니다.

Q & A

Q: 방문 비자는 어떻게 받습니까?

A: 미 대사관에서 신청하며, 방문 목적을 증명하는 서류를 제출하면 됩니다. 미국 방문 후 반드시 한국으로 돌아오는 것을 증명할 강한 연대(strong ties)를 보여주어야 합니다. DS-160, 초정장, 재산 증명 서류, 재직 증명서, 여권, 수수료가 그것입니다.

Q: 방문 비자는 미 대사관에서 어떻게 발급해 줍니까?

A: 미 대사관 방문 비자를 발급할 때 상용 비자와 방문 비자를 함께 줍니다(B1/B2). 따라서 미국 입국 시 공항 이민심사관과의 인터뷰 때 상용 비자와 방문 비자가 입국 목적에 따라 구체적으로 분류됩니다.

Q: 여행 외에 다른 어떤 목적으로 방문 비자를 사용할 수 있습니까?

A: 건강상 병원 입원, 사업과 관계 없는 회의 참석, 미국 시민권자나 비이민 비자 소유자와 결혼하고 다시 한국으로 돌아갈 경우 등 다양한 목적으로 사용할 수 있습니다.

Q: 미 공항에서 B-2 방문자에게 주는 체류 기간은 얼마나 됩니까?

A: 보통 B-2 방문자는 6개월의 체류 스탬프를 찍어 줍니다.

Q: 체류 기간을 더 연장할 수 있습니까?

A: 예, 연장할 수 있습니다. 그러나 미 이민국을 통해 연장 신청을 할 때는 연장 사유와 증명 서류가 있어야 합니다.

Q: 방문 비자 입국 후 비자 변경 시 주의 사항은 무엇입니까?

A: 오자마자 급히 비자 변경이나 영주권 신청을 하면, 원래 방문 목적이 관광이 아니라 비자 변경이나 영주권 수속으로 의심받을 수 있고, 심지어는 이민법 위반으로 불이익을 당할 수 있습니다. 따라서 반드시 90일이 지난 뒤 신청하는 것이 좋습니다.

Q: 학생 비자 소유자가 방문 비자로 변경하면 유리한 점은 무엇입니까?

A: 졸업 전후, 혹은 OPT가 끝난 뒤 귀국해야 할 날을 하루라도 넘기면 불법 체류(overstay)가 됩니다. 이럴 경우 불이익을 당할 수 있기에, 체류 기간 만기 전에 이민국에 방문 비자 변경 신청을 하면 불법 체류를 면할 수 있습니다.

Q: 주로 어떤 변경 사유가 있습니까?

A: 한국 귀국 전에 이삿짐 정리에 시간이 더 필요하거나, 한국으로 돌아가기 전에 미국 여행을 한다든지, 방문 체류 목적

이 생겼을 경우 방문 비자로 변경하면 신분 유지를 할 수 있
습니다.

Q: 비자 변경 서류가 이민국에 접수된 후 비자가 만료되면 어
떻게 합니까?

A: 비자 만료 전에 비자 변경 서류가 이민국에 접수되어 있는
한, 접수된 서류의 계류 중에는 불법 체류가 되지 않습니다.

 **체험담 : 소지품 검사**

갑돌이는 미국 공항에서 입국 심사관으로부터 방문 목적을 의
심받아 소지품 검사를 당했습니다. 가방 속에서 여름인데 겨울옷
이 나왔고, 아이들 가방에서는 학교 성적 증명서가 나왔습니다. 결
국 갑돌이는 가져온 짐이 방문 비자 목적에 타당하지 않다고 간주
되어 입국이 거절되고 말았습니다.

 **법 상식 : 영주권 신청 후 방문 비자 신청 가능**

방문 비자를 신청하려고 하는데, 영주권 신청이 접수되어 있으
면 무조건 비자가 안 나온다는 말이 있습니다. 그러나 반드시 그렇
지 않습니다. 영주권 신청이 되어 있다 할지라도, 방문 비자를 받
는 목적이 뚜렷하고, 방문 후 반드시 한국으로 귀국할 강한 연대가
있으면 비자를 받을 수 있습니다.

바로 이 문제를 가지고 필자는 미 국무부 장관을 상대로 소송을 제기하는 등의 법적 투쟁을 통하여, 결국 방문 비자 거절자가 비자를 받고 미국 방문을 할 수 있게 되었습니다.

최근에 비이민 비자 신청서에서 "영주권 신청을 한 적이 있습니까?"라는 질문이 완전히 삭제되었습니다. 따라서 영주권 신청이 되어 있다고 할지라도 비자 발급권만 충족되면 비자를 발급 받을 수 있게 되었습니다.

2. 학생과 연수에 관한 비자

1) F-1에서 M-1(직업 훈련 학생 비자)로

직업 훈련 목적

M-1과 F-1의 차이

F-1에서 M-1으로 변경 가능

M-1에서 F-1 변경 불가능

직업 훈련 학생 비자(M-1)는 직업 훈련 학교에서 기술을 습득하
고자 하는 자에게 발행되는 비자이며, 배우자와 21세 미만의 미혼

자녀를 동반할 수 있습니다. 학생 비자(F-1)에 대해서는 앞에서 이미 언급하였으므로 여기에서는 M-1 비자와의 차이점을 설명하고자 합니다.

F-1 비자 소유자는 미국 내에서 M-1 비자로 변경이 가능합니다. 그러나 M-1에서 F-1으로의 변경은 할 수 없습니다.

Q & A

Q: M-1 비자는 누가 신청할 수 있습니까?

A: 직업 훈련이나 비즈니스 트레이닝 프로그램을 공부하고자 하는 사람이 신청할 수 있습니다.

Q: M-1 비자를 위한 직업 훈련 학교는 어떤 것이 있습니까?

A: 요리, 미용, 자동차 정비 등 다양한 직업 훈련 학교가 있습니다.

Q: M-1 비자를 신청하려면 제일 먼저 무엇부터 해야 합니까?

A: 직업 훈련 학교로부터 I-20를 받아야 합니다.

Q: M-1 비자의 I-20는 F-1 비자의 I-20와 어떻게 다릅니까?

A: F-1 비자의 I-20를 I-20 A-B라 하고 M-1 비자의 I-20를 I-20 M-N이라고 하여 I-20상에 차이가 있습니다.

Q: M-1 비자의 동반 가족의 비자는 무엇이고, 어떠한 절차를 밟아야 합니까?

A: M-1 비자의 동반 가족은 M-2 비자가 주어지고, 직업 훈련 학교에서 M-2용 I-20를 받아야 합니다.

Q: M-2 비자 소유자는 취업을 할 수 있습니까?

A: 할 수 없습니다.

Q: M-1 비자도 풀타임 등록을 해야 합니까?

A: 예, 그렇습니다. 한 학기에 12학점을 유지해야 합니다.

Q: M-1 비자 소유자도 온라인 클래스 수강이 가능합니까?

A: F-1 비자와 달리 온라인 클래스 수강이 안 됩니다.

Q: F-1에서 M-1으로 비자 변경이 가능합니까?

A: F-1비자 소유자는 직업 훈련 학교에서 I-20를 받으면 미국 내에서 M-1으로의 비자 변경이 가능합니다.

Q: M-1 비자를 한국의 미 대사관에서도 받을 수 있습니까?

A: 예, F-1 비자 신청 절차를 따르면 됩니다.

Q: M 비자의 전공 실습 허가증(OPT) 기간은 얼마입니까?

A: 4개월의 직업 연수 과정을 마치면 1개월의 OPT를 발급해

주며, 총 6개월까지 OPT를 받을 수 있습니다.

Q: M-1 비자의 단점은 무엇입니까?
A: F-1 비자와 달리, M-1 비자는 이수 과정이 끝날 때까지 혹은 최대한 3년까지만 공부할 수 있습니다.

 **체험담 : M-1 비자의 회복 신청**

갑순이는 B-2 비자로 미국을 방문하던 중 친구의 소개로 영어 공부에 관심을 가지게 되었습니다. 미국 본토에서 본토 발음으로 미국인에게 직접 영어를 배우고 싶었습니다. 그래서 친구의 소개로 한 학교에서 비자 변경 신청을 해준다고 하여 맡겼습니다. 나중에 알고 보니 갑순이는 M-1 비자로 변경이 되었습니다.

하지만 학교를 다니던 중 잘 적응하지 못하고, 출석을 제대로 하지 못하여, 비자 신분 위반이 되고 말았습니다. 그래서 M-1 비자의 회복신청을 하려 했으나, 합당한 사유가 아니라고 거절되었습니다. F-1 비자의 학생 신분 회복 신청과는 달리, M-1 비자의 회복 신청을 할 때 유일한 사유로 인정되는 것은 의료상의 이유입니다. 따라서 갑순이는 M-1 비자 신분을 상실하고 말았습니다.

 **법 상식 : M-2에서 F-1으로의 변경 가능**

M-1 비자 소유자는 미국 내에서 F-1 비자로 변경이 안 됩니다.

즉, M-1 비자는 체류 기간이 짧기 때문에 F-1 비자로 바꾸어서 공부를 장기적으로 하려고 하는 학생에게는 적절한 비자가 아닙니다. F-1에서 M-1으로 바꿀 수는 있으나, M-1에서 F-1으로는 변경이 되지 않습니다. 그러나 예외 규정으로, M-2 비자 소유자가 F-1 비자로 변경하는 것은 가능합니다. 따라서 M-1 비자 소유자의 배우자가 학업 공부를 위해 F-1 비자로 바꾸게 되면, M-1 비자 소유자는 F-2 비자로 함께 변경이 가능하게 됩니다.

어드바이스 : M-1 비자 소유자의 귀국 시기

M-1 비자 소유자는 졸업 후 30일 안에 귀국해야 하고, 만일 학기 중 학업 포기를 통보하고 돌아갈 경우에는 15일 안에 반드시 귀국해야 합니다. 또한, M 비자의 체류 기간을 연장할 때는 이민국을 통하여 매번 연장해야 하기 때문에 연장 시기를 놓치지 않도록 조심해야 합니다.

2) F-1에서 J-1(교환 연수 비자)로

J-1 비자의 목적

⋮

J-1 비자의 종류

⋮

J-1 비자 조건

⋮

J-1 비자 기간

⋮

2년 귀국 의무 면제

⋮

F-1에서 J-1으로 변경 가능

요즘 한국에서도 미국 연수 바람이 불고 있습니다. 여름방학을 이용하여 미국 기관에서 연수하면서 경험도 쌓고, 미국 문화와 접하는 기회가 늘어나고 있습니다. 교환 연수 비자(J-1)는 교수, 학자, 선생, 학생, 인턴, 훈련생(Trainee), 외국 의사, 가사 보조, 여름방학 취업 학생 등이 교환 방문객(exchange visitors) 자격으로 미국 입국을 할 때 사용됩니다.

J-1 비자 신청자는 재정이 충분해야 하고, 영어 구사가 가능해야 합니다. F-1 비자 소유자는 미국 내에서 J-1 비자로 변경이 가능합니다.

Q & A

Q: J-1 비자는 어떻게 신청합니까?

A: J-1 비자를 받기 위해서는 먼저 프로그램 스폰서로부터 J-비자 신청 허가증(DS-2019)을 받아야 합니다.

Q: 프로그램 스폰서는 어떤 곳입니까?

A: 프로그램 스폰서는 미국 시민권자나 법인체, 혹은 비영리 단체가 될 수 있으며, 미 정보국(U.S. Information Agency)으로 부터 교환 연수 프로그램을 승인받아 DS-2019를 발행해 줄 수 있습니다.

Q: DS-2019와 I-20의 차이는 무엇입니까?

A: F-1 비자를 받기 위해서는 I-20이 필요하고, J-1 비자를 받기 위해서는 DS-2019가 있어야 비자 신청이 가능합니다.

Q: J-1 비자는 한국에서도 신청할 수 있습니까?

A: 한국에서는 미 대사관을 통해 비이민 비자 신청 요령대로 신청하실 수 있습니다.

Q: J 비자의 SEVIS 등록비는 얼마입니까?

A: J 비자도 SEVIS 등록을 해야 하는데, 등록비는 180달러입니다. F-1 비자보다 조금 저렴한 편이나, 항상 비용 변동이 있으니 확인하시기 바랍니다.

Q: 동반 가족과 함께 비자를 받으려면 어떻게 하면 됩니까?

A: 배우자나 자녀도 DS-2019를 제출하면 J-2 비자를 받을 수 있습니다. J-2 비자를 신청하는 가족들은 그들 자신의 DS-2019 양식을 제출해야 합니다.

Q: J-1 비자의 단점은 무엇입니까?

A: F-1 비자와 달리, J-1 비자 소유자는 미국 내에서 비자 변경이나 영주권을 신청하고자 할 때 2년의 귀국 의무 조항(Two-Year Foreign Residence Requirement)에 저촉됩니다. 즉 2년 동안 한국이나 미국을 제외한 해외에 거주한 뒤에 영주권 신청이나 비자 변경이 가능하다는 뜻입니다.

Q: J 비자 소유자가 2년의 귀국 의무 조항하에 있다는 것을 어떻게 알 수 있습니까?

A: J 비자를 받은 여권이나 DS-2019에 표시되어 있습니다. 여권을 받은 J 비자 안의 주석 부분에 "Bearer is subject to section 212(E)"라고 써 있으면, 면제 신청이 필요합니다. 그러나 "Bearer is not subject to section 212(E)"는 면제 신청이 필요 없습니다. 또한 DS-2019 하단에 "Not subject to the two-year residence requirement" 혹은 "Subject to two-year residence requirement"라고 표시되어 있습니다.

Q: J 비자의 체류 기간은 얼마나 됩니까?

A: J 비자의 종류에 따라 다릅니다.

J 비자의 종류	J 비자의 체류 기간
학생	학위 기간 + 18개월 연수 훈련
비즈니스 훈련생	18개월
호텔, 관광, 농업 훈련생	12개월

인턴십(Internship)	12개월
교수와 학자	5년
단기 교환 학자	6개월
여름방학 취업학생	4개월

Q: 2년의 귀국 의무 조항을 피해 갈 수는 없습니까?

A: 있습니다. 2년 귀국 의무 면제 신청(Waiver)을 하면 됩니다.

Q: 2년의 귀국 의무 면제 신청의 사유는 어떤 것이 있습니까?

A: 미 연방 정부 기관의 요청, 박해(persecution), 심각한 곤란 (exceptional hardship), 그리고 면제 허락 진술서(no objection statement)가 있습니다.

Q: 어느 면제 신청 사유가 가장 많이 사용되며, 그 신청 절차는 어떻습니까?

A: 가장 많이 사용되는 것은 No Objection Statement(NOS)이며, 이는 한국 대사관을 통해 미 국무부에 제출됩니다.

Q: J Visa의 Waiver 신청은 어떻게 신청합니까?

A: http://j1visawaiverrecommendation.state.gov/로 들어가서 DS-3035를 온라인으로 기입한 후 프린트하여, 미 국무부에 보내면 됩니다.

Q: 면제 신청 최종 승인은 어떤 절차를 밟습니까?

A: 미 국무부에서 면제 신청을 승인하여 이민국에 추천을 하면 이민국에서 최종 승인을 합니다. 미 국무부에서 받은 추천서만으로도 비자 변경 신청이 가능할 수 있습니다.

Q: 귀국 의무 면제 신청은 얼마나 걸립니까?

A: 약 3-6개월 정도 소요됩니다.

체험담 : J 비자에서 다른 비자로 변경

갑돌이는 J-1 비자로 1년간 호텔에서 연수를 하게 되었습니다. 그런데 호텔에서 연수하던 도중에, 미국에서 영어를 더 배우고 석사 학위를 취득하고 싶어졌습니다. 그래서 필자를 찾아온 때가 J 비자로 체류한 지 10개월이 지난 뒤였습니다. 결국 J 비자 만기가 2개월밖에 남지 않은 상태에서 F-1 비자로 변경해야 하는데, 문제는 갑돌이가 J 비자라서 2년의 귀국 의무 면제신청을 해야 되는 것이었습니다.

그런데 면제신청을 하는 데 소요되는 기간이 3-6개월이라 학생 비자 신청을 하는데 시간적으로 힘들어 보였습니다. 그러나 우연히 발견한 것이, 갑돌이의 여권에 있는 J 비자에는 2년의 귀국 의무 조항에 해당되지 않지만, DS-2019에는 해당된다고 적혀 있어, 혼선을 빚게 되었습니다.

필자는 우선 F-1 비자 변경 신청을 이민국에 접수하는 동시에,

미 국무부에 면제 신청을 하였습니다. 아울러 또다른 새로운 절차를 밟은 것은, 미 국무부에 갑돌이가 면제 신청을 하지 않아도 된다는 자문적 의견서(Advisory Opinion)를 신청했습니다. 자문적 의견은 약 한 달 반만에 허가되어 나왔습니다.

한편 이민국에서는 면제 신청 허가서가 첨부되어 있지 않다며, 보충서류를 요구했습니다. 결국, 갑돌이는 자문적 의견서를 제출하여, 이민국에 면제 신청 없이 F-1비자로 변경을 할 수 있었습니다. J 비자 소유자가 다른 비자로 변경할 사유가 생기면, 면제 신청부터 해야 함으로 미리미리 서두르는 것이 좋습니다.

 법 상식: J-2 동반가족의 신분 변경

J-1 비자 소유자가 본국으로 완전 귀국할 때는 반드시 J-2 동반가족도 함께 나가야 합니다. 그렇지 않고 J-2 동반가족이 따로 남을 때는 불법 체류가 될 수 있습니다. J-2 비자 소유자녀가 학교를 계속 다니고 싶을 경우, 한국의 미 대사관으로 가서 F-1 비자를 받고 다시 들어올 수 있습니다. 만약 미국 내에서 계속 체류할 경우에는 J-1 비자 소유자가 면제 신청(waiver)을 해야만 J-2 비자 소유자녀가 F-1 비자로 미국 내 변경이 가능합니다. J-1 비자 소유자가 면제 신청을 해야만 본인이나 동반가족 모두가 2년의 본국 귀국 조항을 피할 수 있게 됩니다.

한국 대사관에서 J 비자를 받으면 프로그램 시작하기 전 30일 전부터 미국 입국이 가능합니다. 미국에서 프로그램이 끝나면 그로부터 30일 안에 출국해야 합니다. 한번 J 비자를 받은 자는, 2년 뒤에 다시 J 비자를 받을 수 있습니다.

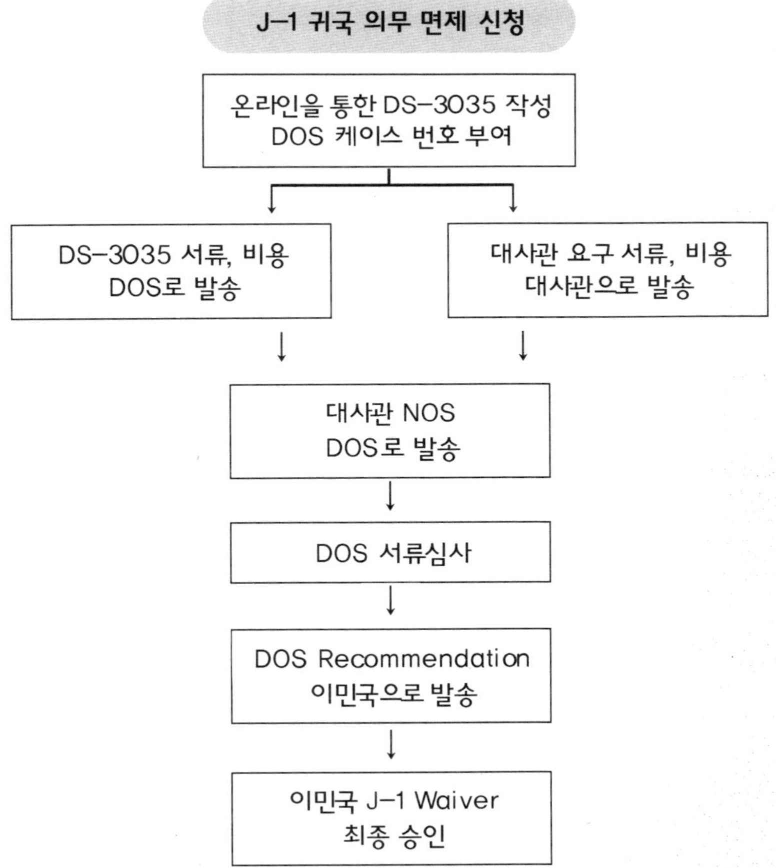

3) B-2에서 F-1(학생 비자)로

미국 내 합법적 체류 신분자만 가능

⋮

일정 기간 후 비자 변경 가능

⋮

이민국 승인 전 입학은 불법

⋮

I-20 발행 시 주의 사항

⋮

B-2에서 F-1 변경 가능

학생 비자를 받는 방법은 두 가지가 있습니다.

1. 미 대사관에 학생 비자를 받는 방법
2. 미 이민국(USCIS)을 통해서 미국 내에서 비자를 변경하는 방법

앞에서는 한국에서 미 대사관을 통해 F-1 비자를 받는 방법에 관한 설명을 했습니다. 여기에서는 현재 미국 내에서 다른 합법적인 비이민 비자를 통해 체류하고 있는 사람이 F-1 비자로 변경이 가능한 방법에 대해 논의하고자 합니다.

미국 내에서 방문 비자(B-2)나 주재원 비자(L-1) 등 합법적인 비자로 체류하고 있는 경우, 학교에 다니고 싶을 때는 학교에서 I-20

를 받아, 미 이민국을 통해 F-1 비자로의 변경이 가능합니다. F-1 비자로 변경하기 위해서는 이민국에 다음과 같은 구비 서류를 제출해야 합니다.

1. I-539 비자 변경 신청서
2. I-20
3. 비자 변경 사유서
4. 재정 보증서
5. 가족 관계 증명서
6. 귀국 증명 서류
7. 수수료

다음의 서류를 각 주의 관할 이민국에 보내면 보통 1-3개월 안에 승인 여부를 통보해 줍니다.

Q & A

Q: F-1 비자는 아무 때나 변경할 수 있습니까?

A: F-1 비자 변경은 합법적인 체류 유효 기간 내에 해야 합니다. 하루라도 불법 체류가 되면, 특별한 사정을 밝히지 않는 한, 비자 변경을 할 수 없습니다.

Q: 무비자로 입국한 사람도 F-1 비자로 변경이 가능합니까?

A: 아닙니다, 가능하지 않습니다. 무비자로 입국한 사람은 미국 내에서 비자 변경이 안 됩니다. 따라서 반드시 미 대사관에서 F-1 비자를 받고 입국해야 합니다.

Q: 방문 비자(B-2)로 입국한 사람은 F-1 비자 변경이 가능합니까?

A: 예, 가능합니다. 방문 비자 소유자는 합법한 비자 소유자이기 때문에 조건만 충족되면 미국 내에서 비자 변경이 가능합니다.

Q: 방문 비자 입국자가 F-1 비자로 변경할 때 주의 사항은 무엇이 있습니까?

A: 방문 비자로 입국한 사람이 입국하자마자 F-1 비자 변경 신청을 하는 것은 매우 위험한 일입니다. 미국에 오자마자 비자 변경을 하는 것은 방문 비자를 다른 비자로 변경하기 위한 수단으로 사용한 것으로 간주되어, 방문 비자 위반이 될 수 있습니다.

즉, 미국 입국 전에 사전 의도가 있었다고 판정되면, F-1 비자 변경이 거절됩니다. 따라서 미국 입국 후 약 3개월 후 비자 변경을 하는 것이 안전합니다.

Q: F-1 비자 변경 신청을 하고 이민국 승인 결과를 기다리는 중에 학교를 다닐 수 있습니까?

A: 없습니다. 방문 비자에서 F-1 비자로 변경하는 사람은 이민국에서 F-1 비자 변경 최종 승인이 나기 전에는 학교를 다닐 수 없습니다.

 **체험담 : 성급한 비자 변경**

자영업을 하는 갑돌이는 방문 비자(B-2)를 가지고 미국을 방문했습니다. 미국 대학에 재학 중인 친구를 만나보고, "자빠진 김에 쉬어 간다"는 식으로, 미국에 온 김에 영어 공부를 하고 싶었습니다. 그래서 친구의 소개로 학교에서 I-20를 받고, 빨리빨리 서류 준비를 하였습니다. 그렇게 이민국에 서류를 제출하여 F-1 비자 변경을 신청했으나 거절되었습니다. 갑돌이는 미국 도착 후 30일도 안 되어 서류를 제출한 것이었습니다. 또한 제출한 서류 중 한국에서 보내온 서류에는 서류 발급 날짜가 미국 입국 후 곧바로 발행되었음을 증명하였습니다. 결국 갑돌이는 한국으로 다시 돌아갈 수밖에 없었습니다.

 **법 상식 : 미국에서 F-1 비자로 변경한 경우**

미국에서 F-1 비자로 변경한 사람은 한국 방문 시, 미 대사관에서 다시 F-1 비자를 받아야만 재입국이 가능합니다. 미국 내에서 변경한 비자는 미국을 떠남과 동시에 무효가 됩니다. 따라서 미국으로 재입국을 하고자 할 때에는 반드시 F-1 비자를 다시 받아야

만 합니다.

간혹 미국에서 비자를 변경한 사람들이 한국으로 돌아가면 비자를 다시 못 받을까봐 두려워 방학 중이라도 못 가는 경우도 있습니다. 미국에서 비자를 변경했다고 하여, 무조건 미 대사관에서 비자를 거절하는 것은 아닙니다. 미국 내에서 F-1 비자 변경이 미 이민법에 저촉되지 않고, 학생 신분을 잘 유지했고, 한국에서 송금한 돈으로 학교를 다닌 증거를 통해 비자 신청이 가능할 수 있습니다. 따라서 성급한 결론을 내리기 전에 이민법 변호사와 상의한 뒤, 한국 방문 여부를 결정하시는 것이 바람직합니다.

 **법 상식 : 성인이 되는 자녀의 비자 변경**

갑돌이는 F-1 비자 소유자이고, 심청이는 갑돌이의 21세 미만 미혼 자녀로 F-2 비자를 가지고 미국에서 공부하고 있습니다. 심청이의 21세 생일이 다가오기 전에 F-2에서 F-1으로 비자 신분을 변경해 주어야만 심청이가 합법적으로 체류하고 공부를 마칠 수 있습니다. 그래서 심청이는 21세 생일이 되기 한 달 전에 이민국에 비자 변경 신청서를 제출했습니다. 그런데 심청이가 다니는 학기가 이미 시작했는데, 학교 측에서는 심청이가 F-1 비자를 가지고 오기 전에는 학교 등록을 시켜 주지 않았습니다.

결국 심청이는 한 학기를 놓치고 말았는데, 그 이유는 F-2 비자 소유자가 F-1로 변경할 때에도 비자가 최종 승인이 될 때까지는 학교에 다닐 수 없기 때문입니다. 따라서 비자 변경을 할 사유가 생기면, 전문가의 자문을 통해 미리 준비하는 것이 신분상 매우 중요합니다.

 **법 상식 : I-20상의 등록 시작일**

I-20상의 프로그램 날짜를 살펴보아야 합니다. 미국 내에서 방문 비자나 다른 비이민 비자를 가지고 F-1 비자를 신청할 때는 I-20상의 등록 시작일을 반드시 확인해야 합니다. 만약 I-20상의 등록 시작일이 방문 체류 만기일보다 30일 이후이면 신분 유지가 안 된 것으로 간주되어 F-1 비자 변경 신청이 거절될 수 있습니다.

예를 들면, 미국 체류 기간 만료일이 5월 15일이고, I-20 등록일이 6월 20일이면, 그 사이에 약 30일 이상의 차이가 있어 신분 유지가 되지 못합니다. 이런 사유로 F-1 비자 신분이 거절되면 한국으로 돌아가야만 합니다. 따라서 가능하면 I-20의 등록일을 체류 기간 만료일 전으로 하는 것이 안전합니다.

3. 단기 취업 관련 비자

1) F-1에서 H-1B(전문직 단기 취업 비자)로

전문 직종만 취업 가능

파트타임 가능

이중 의도(Dual Intent) 가능

동반 가족 취업 불가

F-1에서 H-1B로 변경 가능

전문직 단기 취업 비자(H-1B)는 짧은 기간 동안 임시직으로 미국 내에서 전문 직종에 취업을 허용하는 비자입니다. 미국에서 대학 이상을 졸업한 유학생들이 졸업 후 H-1B 비자를 받고 취업을 할 수 있고, 또한 H-1B 비자를 미국 내에서 소유하고 있는 동안 영주권도 신청할 수 있는 장점이 있습니다. F-1 비자에서 H-1B로 변경할 수 있으며, 한국에서 H-1B 비자를 따로 신청할 수도 있습니다.

Q & A

Q: H-1B 비자의 전문 직종은 무엇을 뜻합니까?

A: H-1B 비자는 최소한 대학 학위를 요구하는 전문직 직종이어야 합니다. 따라서 막노동이나 비숙련공의 직종으로 H-1B비자를 신청할 수 없습니다.

Q: H-1B 전문 직종의 예는 어떤 것이 있습니까?

A: 컴퓨터 프로그래머, 회계사, 약사, 인테리어 디자이너, 그래픽 디자이너, 엔지니어 등입니다.

Q: 대학 학위가 없는 사람은 H-1B를 신청할 수 없습니까?

A: 그렇지 않습니다. 학위가 없지만 경험이 있는 사람은 3년의 실무 경험을 대학의 1년으로 인정하여 H-1B 비자를 신청할 수 있습니다. 따라서 전문직 취업 경력이 12년이 있다면 4

년제 대학 졸업자로 인정됩니다.

Q: 2년제 대학 졸업자도 H-1B를 신청할 수 있습니까?

A: 만약 2년제 학위를 가진 사람이 자신의 전공 분야가 전문직
일 경우, 같은 분야에 6년 이상의 경력이 있다면 4년제 대학
졸업자로 인정되어 H-1B 비자를 신청할 수 있습니다.

Q: 간호원도 H-1B 비자 신청이 가능합니까?

A: 안 됩니다. 간호원은 4년제 대학 학위를 요구하지 않고 2-3
년제 과정도 있기 때문에 전문 직종으로 간주하지 않습니다.
그러나 수간호원일 경우에는 4년제 대학 이상의 학위가 요
구되는 전문 직종이기 때문에 신청이 가능합니다.

Q: 한국에서 받은 학사 학위도 인정됩니까?

A: 예, 그렇습니다.

Q: H-1B 비자를 신청할 때에는 전공 분야와 취업하려는 직종
과 같은 분야여야 합니까?

A: 예, 그렇습니다. 대학 전공과 취업 분야와는 같은 계통이어
야 합니다.

Q: H-1B 비자는 풀타임만 가능합니까?

A: 아닙니다. 파트타임도 가능합니다. 보통 일주일에 20시간

도 가능합니다.

Q: 취직을 동시에 2개 이상 할 경우, H-1B 비자 신청을 두 개 이상 할 수 있습니까?

A: 예, 여러 고용주로 H-1B 비자 신청이 가능합니다.

Q: H-1B비자의 비자 쿼터는 얼마나 됩니까?

A: 6만 5천 개의 H-1B 비자 쿼터가 있습니다. 그리고 미국 석사 학위 소지자들을 위한 2만 개의 H-1B 비자 쿼터가 따로 할당되어 있습니다.

Q: H-1B 비자 신청은 언제 할 수 있습니까?

A: 매년 4월 1일에 H-1B 비자 신청을 할 수 있으며, 비자가 통과될 경우, 그 해 10월 1일부터 취업이 가능합니다.

Q: H-1B 비자를 신청한 결과를 빨리 알고 싶으면 어떻게 하면 됩니까?

A: 보통 H-1B서 류를 접수하면 3-6개월 사이에 결과가 나옵니다. 그러나 급행료(Premium Processing Fee)를 내면 15일 만에 결과를 받아 볼수 있습니다.

Q: 4월 1일에 H-1B 비자 서류를 접수했으나, OPT(Optional Practical Training) 기간이 8월 중순에 끝나면 10월 1일 전까

지는 불법 체류가 됩니까?

A: 아닙니다. OPT 기간이 끝나도 60일의 유예 기간(grace period)가 있기 때문에 불법 체류가 안 됩니다.

Q: 만약 OPT 카드가 6월 중순에 끝나면 어떻게 됩니까?

A: 괜찮습니다. 만약 H-1B 비자가 승인된다면, 회계 연도가 시작되는 10월 1일 이전에 몇 달의 공백 기간이 있다 하더라도 불법으로 간주되지 않습니다. 이를 소위 H-1B Cap Gap이라고 하며, 한국의 미 대사관에 가서 H-1B 비자를 받고 재입국할 필요 없이 미국 내에서 10월 1일 전까지 합법적으로 체류하면서 취업이 가능합니다.

Q: 고용주를 바꿀 경우 언제부터 새 고용주와 일을 할 수 있습니까?

A: 새 고용주로 H-1B 서류를 이민국에 접수한 이후부터 취업이 가능하나, 반드시 승인을 받아야 합니다.

Q: H-1B 비자는 얼마 동안 받을 수 있습니까?

A: 3년까지 신청이 가능합니다.

Q: H-1B 비자 연장은 가능합니까?

A: 예, 3년 더 연장이 가능하며 총 6년까지 취업이 가능합니다.

Q: 6년이 지나면 더 이상 취업할 수 없습니까?

A: 만약 H-1B 비자 만료 1년 전에 I-140 취업 이민 청원서나 노동 증명서(perm)를 접수한 사람은 비록 H-1B 비자가 6년이 되었어도 매년 1년씩 더 연장이 가능합니다. 따라서 영주권 수속이 끝날 때까지 미국 내 체류가 가능합니다.

Q: H-1B 비자 소유자의 동반 가족은 무슨 비자를 받습니까?

A: H-4 비자입니다.

Q: 동반 가족은 취업이 가능합니까?

A: 아니오, 취업을 할 수 없으나 자녀들은 공립학교에 다닐 수 있습니다.

Q: H-1B 비자를 신청하는 데 비용이 많이 든다고 하는데, 얼마나 듭니까?

A: 고용주는 고용주 비용 1,500달러(고용인 26명 이상), 혹은 750달러(고용인 25명까지), 사기 방지 기금 500달러, 그리고 이민국 수수료 325달러가 듭니다. 미국 내에 동반 가족이 있을 경우 290달러가 추가됩니다. 수수료는 수시로 바뀔 수 있습니다.

Q: F-1에서 H-1B로 변경하는 데 필요한 서류는 무엇입니까?

A: I-129(비이민 취업 비자 신청서), ETA 9035(노동 조건 증명서), I-

539(동반 가족이 있을 경우), 졸업 증명서, 성적 증명서(Transcript, 한국이나 외국의 학위는 인정 평가서가 첨부되어야 함), 경력 증명서, 이력서(resume), 여권 복사본, I-94 복사본, I-20 복사본(미국 내 학생일 경우), 그리고 수수료가 필요합니다.

Q: 한국의 미 대사관에서 신청하고자 하면 어떻게 하면 됩니까?

A: 먼저 이민국에서 H-1B 비자 승인을 받은 후, 이민국 제출 서류 사본과 함께 한국의 미 대사관에서 비이민 비자 서류 양식을 첨부하여 제출하면 됩니다.

Q: 한국 미 대사관에 H-1B 비자를 받았을 경우, 언제 미국 입국이 가능합니까?

A: 10월 1일이 시작하기 10일 전부터 입국이 가능합니다. 즉, 9월 21일 이후부터 미국 입국이 가능하다는 의미입니다.

 **체험담 : H-1B 비자 만료일 전에 영주권 신청**

갑순이는 미국에서 학사 학위를 받은 뒤, ABC회사에서 3년간 H-1B 비자를 가지고 취업했습니다. 그런 뒤 XYZ회사로 옮겨서 또 시 H-1B 비자로 3년간 일했습니다. 갑순이는 H-1B 비자의 최대 체류 기간이 6년인 것을 알았지만, 회사를 옮겼으니 XYZ회사에서 또다시 3년이 더 연장될 것으로 착각했습니다.

하지만 이럴 경우 갑순이가 고용주인 XYZ회사를 통해 받은 H-

1B 비자의 기간은 6년이 아니라 남은 3년뿐입니다. 결국 갑순이는 미국을 떠나야 했고, 1년간 한국에 체류한 뒤 다시 H-1B비자로 재입국을 하였습니다. 만약 XYZ회사에서 2년이 되기 전에 노동 허가서나 I-140 취업 이민 청원서를 신청했더라면, H-1B 비자를 계속 연장하면서 취업할 수 있었을 것입니다. 즉 H-1B 비자 6년 만기 1년 전에 노동 허가서나 취업 이민 청원을 신청했으면, H-1B의 최대 6년이 만료되더라도 영주권을 받기 전까지 매년 1년씩 연장할 수 있습니다.

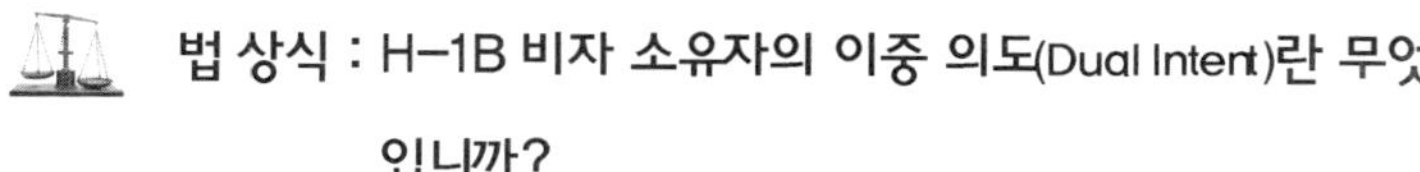

법 상식 : H-1B 비자 소유자의 이중 의도(Dual Intent)란 무엇입니까?

비이민 비자 신청자는 비자 신청 시 미국 영주 의도가 있으면 비자가 거절되나, H-1B 비자 소유자는 영주 의도를 동시에 가질 수 있습니다. 이를 소유 이중의 도라고 합니다. 즉 이민 의도에 대한 추정(presumption of immigrant intent)을 받지 않기에 영주권 신청이 용이합니다. 따라서 H-1B 비자 소유자는 한국의 주소를 남겨 둘 필요가 없기에, 비록 영주권 신청을 해도 미 대사관이나 공항에서 문제를 삼지 않게 됩니다. H-1B 비자가 비이민 비자 중의 하나이지만 영주권 신청이 계류 중이라 하더라도 비자의 갱신이나 연장 시 이민의 의도로 인한 비자 거절 등과 같은 불이익을 받지 않습니다.

어드바이스 : H-1B 비자와 평균 적정 임금(Prevailing Wage)

OPT 기간 중에 있는 유학생 중 관련 계통에 취업이 되었을 경우 H-1B 비자 신청을 빠른 시간 내에 하는 것이 좋습니다. 미국의 경기에 따라 H-1B 6만 5천 개의 비자 쿼터가 빠른 시간 안에 소진되는 경우가 있기 때문입니다. 그리고 H-1B 비자를 신청하기 전에 직업에 따른 평균 적정 임금 정도를 변호사와 상담한 후, 고용주가 평균 적정 임금을 줄 능력이 있는지 먼저 확인해야 합니다. 아무리 H-1B 비자가 승인되었다 하더라도 임금을 제대로 받지 못하면, H-1B 비자 신분을 유지할 수 없기 때문입니다.

만약 풀타임으로 취업하기 힘들 경우에는 파트타임으로 신청하여, 회사의 재정 능력에 맞출 수도 있습니다. 특히 불경기에는 고용주가 근로자의 임금을 삭감하는 경우가 많은데, H-1B 비자에서 영주권을 신청한 상당수의 케이스들이 평균 적정 임금을 받지 못하는 것으로 판정되어 영주권이 기각되는 경우가 많습니다.

석사 학위 이상 소유자는 영주권 대기 기간이 없어서 빨리 영주권을 받을수 있는 장점이 있는 반면에, 적정 임금이 높아서 영주권 신청에 오히려 부담이 되기도 합니다. 따라서 전문가와 상의해서 회사의 재정 상태와 본인의 자격 요건 등 전반적인 내용 검토가 중요합니다.

2) F-1에서 H-2(농장 및 임시 노동자 비자)로

농장 근로자(H-2A)

⋮

임시 노동자(H-2B)

H-2 비자는 농장 근로자(agricultural worker)에 주어지는 임시 농장 취업 비자(H-2A)와 비전문직 서비스 업종에 해당하는 자에게 발급되는 임시 비전문직 취업 비자(H-2B)로 나누어집니다. H-2 비자는 체류 기간이 짧으며 임시직 막노동이나 서비스 직종에 종사하는 자들에게 부여되는 비자입니다. F-1 비자 신분에서 H-2 비자로 변경은 가능하나, 실제 이에 해당되는 케이스는 그리 많지 않습니다.

Q & A

Q: H-2A 비자는 어떤 직종입니까?

A: 농장 노동자이며, 노동력 공급이 부족할 때 신청 가능합니다.

Q: H-2B 비자는 어떤 직종입니까?

A: 임시 직종, 계절적 노동, 피크 시즌 등에 필요한 직종입니다.

Q: H-2A와 H-2B는 어떻게 신청합니까?

A: 신청 절차가 다르긴 하지만, 고용주가 먼저 노동국에서 노동 허가서(labor certification)를 승인받은 후, 이민국에 신청하면 됩니다.

Q: H-2B 비자 소유자의 체류 기간은 얼마나 됩니까?
A: 취업에 필요한 1년 미만의 기간이며, 연장도 가능합니다. 연장은 1년 미만일 경우, 최고 3년까지 연장 가능할 수 있습니다.

Q: H-2B 비자의 제한은 없습니까?
A: 1년에 6만 6천의 비자만 할당되어 있습니다.

3) F-1에서 H-3(연수인 비자)로

본국에서의 트레이닝 불가

⋮

귀국 후 신청자의 커리어 기여

⋮

고용 의도는 H-3 비자 위반

⋮

F-1에서 H-3로 변경 가능

연수인 비자(H-3)의 목적은 일반적으로 미국의 단체나 회사가 외국인 신청자를 초청해 직장 연수(job training)를 제공하여, 외국인 신청자의 지식과 기술을 향상시키고자 함에 있습니다. H-3 비자를 신청하기 위해서는 본국에서는 트레이닝이 없고, 미국에서 트레이닝 후 본국으로 돌아가 커리어에 기여할 수 있음을 밝혀야 합니다.

H-3 비자는 주로 한국과 미국 회사 간의 트레이닝 프로그램으로 초청하는 경우가 많으나, 미국 내에서 F-1 비자를 가지고 있는 학생도 조건이 허락되면 H-3 비자를 받고 트레이닝 프로그램에 참여할 수 있습니다.

Q & A

Q: H-3 비자 신청 요건 중 본국에서의 트레이닝 불가를 어떻게 증명합니까?

A: 미국에서의 트레이닝이 독특하고, 본국에서는 비교될 만한 트레이닝이 없다는 것을 증명하면 됩니다.

Q: H-3 비자 신청자가 귀국 후 커리어에 기여하는 것은 어떻게 설명합니까?

A: 귀국 후 본사에 복귀한 뒤, 신청자가 취득한 새로운 기술을 회사 경영에 적용할 계획을 밝히면 됩니다.

Q: H-3 비자의 체류 기간은 얼마나 됩니까?

A: 트레이닝 프로그램 기간 동안이며, 2년을 넘길 수 없습니다.

Q: H-3 비자로 고용할 수 있습니까?

A: H-3 비자는 생산적 고용(productive employment)만을 목적으로 할 수 없습니다. 그러나 트레이닝을 하는 과정 중 부수적인 고용은 가능합니다.

Q: H-3 비자 소유자의 동반 가족은 무슨 비자를 받습니까?

A: H-4 비자를 받습니다.

Q: H-4 비자 소유자는 취업이 가능합니까?

A: 안 됩니다. 그러나 자녀들은 공립학교에 다닐 수 있습니다.

체험담 : 미국과의 교환 연수

한국의 한 반도체 회사는 미국 워싱턴의 한 로펌(Law Firm)과 함께 트레이닝 프로그램을 만들었습니다. 매년 회사 직원은 H-3 비자로 미국에 입국하여, 로펌에서 미국의 특허법이나 지적 소유권 법에 관한 트레이닝을 받고 있습니다. 이런 경우 H-3 비자가 가능한 이유는 한국에서 미국 특허법이나 지적 소유권 법에 관한 연수가 쉽지 않고, 또한 한국 회사와 미국의 로펌 간에 상호 교류 관계가 있기 때문입니다.

■ 어드바이스 : 교환 연수를 위한 비자 선택

만약 미국 내에서 F-1 비자 소유자가 H-3 비자로 변경하여 미국 내 한국 회사에서 트레이닝을 받고자 할 경우에는, H-3 비자로 변경할 수 있습니다. 앞에서 언급했듯이, H-3 비자는 트레이닝이 목적이지 고용이 목적이 되어서는 안 됩니다. 따라서 만약 한국 본사 회사에서 월급을 주고자 할 시, F-1 비자 소유자는 H-3 비자 대신에 B-1 비자로 변경할 수 있습니다. B-1 비자로 트레이닝을 받고, 한국 본사에서 월급을 주는 식으로 할 수 있습니다.

B-1 비자의 장점은 H-3 비자처럼 이민국 승인을 받지 않고, 직접 본국의 미 대사관에서 비자를 받으면 되는 것입니다. 또한 B-1 비자는 미국 현지 회사의 트레이닝 프로그램을 알아보기 위해 미국을 상용상 방문하고자 할 때도 사용할 수 있습니다. B-1 비자의 체류기간은 3-6개월이지만 연장이 가능합니다.

4) F-1에서 E-1(무역인 비자)로

미국과 조약 맺은 국가

⋮

설립된 회사는 조약국과 같은 국적

⋮

E 비자 신청자와 회사는 같은 국적

⋮

상당한 무역
⋮
E-1 고용 취업
⋮
배우자 취업 가능
⋮
F-1에서 E-1로 변경 가능

미국과 무역을 하는 자나 국제 무역 기업의 미국 지사로 파견되는 직원은 무역인 비자(E-1)를 신청할 수 있습니다. E-1 비자와 E-2 비자가 공통으로 요구하는 조건은 미국과 조약 맺은 국가여야 합니다. 그리고 설립된 회사는 조약국과 같은 국적이어야 하고, 또한 E 비자 신청자와 미국에 설립된 회사와는 같은 국적이어야 합니다.

국제 무역에 종사하는 자는 E-1 비자로 미국에 체류하면서 한국과 미국 간의 무역을 지속할 수 있는 장점이 있습니다. F-1 비자 소유자가 미국 내에서 한국과 미국 간의 국제 무역에 종사하고자 할 경우, 혹은 미국의 한국 지사에서 취업하고자 할 경우, E-1 비자로 변경할 수 있습니다.

Q & A

Q: 한국은 미국과 조약을 맺은 국가입니까?

A: 예, 한국은 미국과 상호 무역, 혹은 투자에 관한 조약(Treaty of Commerce and Navigation, or Bilateral Investment Treaty)을 협정한 국가이기에 E 비자를 신청할 수 있으며, E-1 비자와 E-2 비자 둘 다 신청할 수 있습니다.

Q: 미국에서 설립된 회사는 한국과 같은 국적이어야 합니까?
A: 예, 그렇습니다. E 비자를 신청하기 위해서는 미국 내에 설립된 회사가 한국 국적이어야 합니다. 그러기 위해서는 한국인이 직접 투자해야 합니다. 즉, 미국 내 회사 주식의 50% 이상이 한국인의 소유여야 한국 국적 회사로 인정이 됩니다.

Q: 미국에 설립된 회사는 100% 한국인이 소유해야 합니까?
A: 그렇지 않습니다. 한국인이 주식의 50% 이상 소유하면 E 비자 수속이 가능합니다.

Q: E 비자 신청자는 미국에서 설립된 한국 회사와 같은 국적이어야 합니까?
A: 예, 그렇습니다. E-1 비자의 무역인이나 E-2 비자의 투자자, 그리고 E-1 비자와 E-2 비자로 노동 취업을 하고자 하는 자는 반드시 한국인이어야 합니다.

Q: E 비자 소유자의 동반 가족도 같은 국적이어야 합니까?
A: 아닙니다. 배우자와 자녀는 같은 국적을 가질 필요가 없습

니다. 따라서 한국인 투자자가 일본인과 결혼하고, 영국에서 자녀가 출생하였다 할지라도, 일본인 배우자와 영국에서 출생한 자녀는 한국인 투자자와 함께 E 비자를 받을 수 있습니다.

Q: E-1 비자의 무역은 무엇을 말합니까?

A: 무역(trade)이라 함은 상품(goods), 혹은 용역(services)의 교류(exchange)나 구매(purchase) 등을 포함합니다.

Q: 무역의 구체적인 종류는 무엇이 있습니까?

A: 상품, 서비스 외에 은행, 보험, 운송, 커뮤니케이션, 광고, 회계, 디자인, 변호사, 관광, 기술 등 다양합니다.

Q: E-1 비자 신청 시 상당한 무역은 어떤 조건을 말합니까?

A: 무역인이 되기 위해서는 미국과 상당한 무역(substantial trade)을 해야 합니다. 여기에서 상당한 무역을 증명하기 위해서는 무역의 양과 거래의 빈도 수를 고려해야 하며, 무역이 지속적으로 진행되고 있음을 밝혀야 합니다.

Q: 소액의 거래도 상당한 무역이 될 수 있습니까?

A: 예, 비록 소액의 무역이라 할지라도 무역 거래의 빈도가 높고 오래 지속되는 무역이면, 상당한 거래에 해당될 수 있습니다.

Q: 미국 내에 설립한 회사는 미국과 어느 정도의 거래가 있어야 합니까?

A: E-1 비자를 위해 설립된 무역 회사는 최소 50% 이상의 거래가 조약 당사국인 미국과 이루어져야 합니다.

Q: E-1 비자를 받은 자도 50% 이상의 거래에 직접 가담해야 합니까?

A: 아닙니다. 설립된 회사가 50% 이상 미국과 거래하는 한 E-1 비자 조건이 충족됩니다.

Q: 상당한 무역을 어떻게 증명합니까?

A: 신용장(letter of credit), 선하증권(bill of lading), 보험 증서, 계약서, 운송 증서, 고객 영수증 등이 상당한 무역 거래를 증명할 수 있습니다.

Q: E-1 비자로 고용될 수 있는 직종은 어떤 것입니까?

A: 간부 임원(executives)과 감독자(supervisors), 혹은 회사의 전문 지식을 가진 기술자입니다.

Q: 간부 임원과 감독자는 어떤 자격을 갖추어야 합니까?

A: 회사 운영 전반에 관한 정책 결정과 방향을 정하거나, 상급 직원을 지휘, 감독하는 직함 자격을 갖춘 자여야 합니다.

Q: 회사의 전문 지식을 가진 기술자란 어떤 사람입니까?

A: 회사의 제품이나 서비스의 생산, 유지, 점검 등에 관한 전문 지식이 있고, 회사의 성공적인 운영을 위해 꼭 필요한 자입니다.

Q: E-1 비자 소유자의 배우자는 무슨 비자를 받습니까?

A: E-1 비자를 받습니다.

Q: E-1 비자의 동반 가족은 취업이 가능합니까?

A: 배우자는 이민국을 통해 취업증을 받을 수 있으나, 자녀들은 취업증을 받을 수 없습니다.

Q: F-1 비자에서 E-1 비자로 변경할 수 있습니까?

A: 예, E-1 비자 조건이 되면, 미국 내에서 이민국을 통해 비자 변경이 가능합니다.

Q: E-1 비자 변경은 미국 내에서 어떻게 합니까?

A: 관할 이민국에 E-1 비자 변경 서류를 제출하여 승인을 받으면 됩니다.

- I-129: 단기 취업 신청서
- E-1 비자 입증 서류
- 회사 편지

- 회사 조직도

- 이력서

- I-539(동반 가족이 있을 경우)

- 이민국 수수료

Q: E 비자를 미 대사관에서 신청할 경우에는 미 이민국의 승
인을 먼저 받아야 합니까?

A: 그렇지 않습니다. E 비자는 미 이민국 승인 없이도 미 대사
관에서 직접 비자를 받고 입국할 수 있는 비자입니다.

Q: E-1 비자는 미 대사관에서 어떻게 신청할 수 있습니까?

A: 관할 미 대사관에 E-1 비자 신청 서류를 제출하고 인터뷰를
받으면 됩니다. 미 영사관마다 요구하는 서류 양식이 조금
씩 다를 수 있으니, 확인해야 합니다.

- DS-160

- DS-156E

- 회사 편지

- 회사 조직도

- 이력서

- 대사관 수수료

Q: E-1 비자의 체류기간은 얼마나 됩니까?
A: 2년입니다.

Q: E-1 비자의 연장은 가능하며, 연장 기간은 어떻게 됩니까?
A: E-1 비자 목적이 있는 한 계속 연장이 가능합니다.

Q: E-1 비자 연장은 어떻게 합니까?
A: 이민국을 통해 미국 내에서 할 수도 있고 한국의 미 대사관
   을 통해 할 수도 있습니다.

체험담 : 소규모 무역상도 가능

갑돌이는 한국에서 가방 공장을 하는 사람입니다. 갑돌이는 미
국에서 소가죽을 수입하여, 한국에서 가방을 만들었습니다. 소가죽
을 수입하는 데 있어서 중개상을 피하면 많은 경비를 절약할 수 있
기에, 갑돌이는 본인이 직접 미국과 무역을 하기 위한 연락 사무실
을 워싱턴 근처에 차리게 되었습니다. 그래서 무역 관련 서류를 준
비하고 한국 소재 미 대사관에서 E-1 비자를 받아 미국을 자유로이
왕래하면서 무역을 하게 되었습니다. 갑돌이의 동반 가족 또한 함
께 입국하여 학교를 다니면서 미국 생활을 시작하였습니다. 이와
같이 작은 기업체를 통한 무역도 E-1 비자의 조건을 갖출 수 있습
니다.

체험담 : 미국 지사로 직원 파견 가능

한국의 한 유명한 한식당이 미국에 지점을 개설했습니다. 미국 현지 지점 식당에 한국 원조의 음식을 제공하고자 한식 전문 요리사를 보내기로 했습니다. 그래서 한국 본사의 요리사를 파견하여 E-1 비자로 미국 지점 식당에 취업을 시킬 수 있었습니다.

이와 같이 미국의 한국 지사로 직원을 파견하여 취업시키고자 할 때 E-1 비자를 활용할 수 있습니다.

법 상식 : 50% 소유하면 한국 국적 회사로 인정

E 비자 신청 시, 미국에서 설립된 회사의 국적을 결정할 때, 미국 영주권자인 한국인이 소유하는 주식은 한국 국적 회사로 인정하지 않습니다. 즉 미 영주권자인 한국인은 아직도 국적이 한국인임에도 불구하고 회사 결정 시 한국인 국적의 회사로 간주하지 않습니다. 미국에 설립된 회사가 한국인 국적의 회사로 인정되기 위해서는 E 비자 소유자나 다른 비이민 비자를 소유한 한국인이 50% 이상의 지분을 소유해야 합니다.

어드바이스 : E-1 취업과 L-1 취업의 차이

E 비자로 취업을 시키기 위해서는 한국의 본사에서 반드시 근무한 경력이 없어도 됩니다. 따라서 미국 현지에서 새로 채용한 직원

을 통해서도 E-1 비자가 가능합니다. 그러나 뒤에서 언급할 주재원 비자(L-1)의 경우에는 반드시 본사 근무 경력이 있는 자에게만 주재원 비자 신청 자격이 주어집니다. 미국 지사로 L-1 비자가 안 되는 자는 E-1 비자를 고려해 보는 것도 좋은 방법입니다.

5) F-1에서 E-2(투자 비자)로

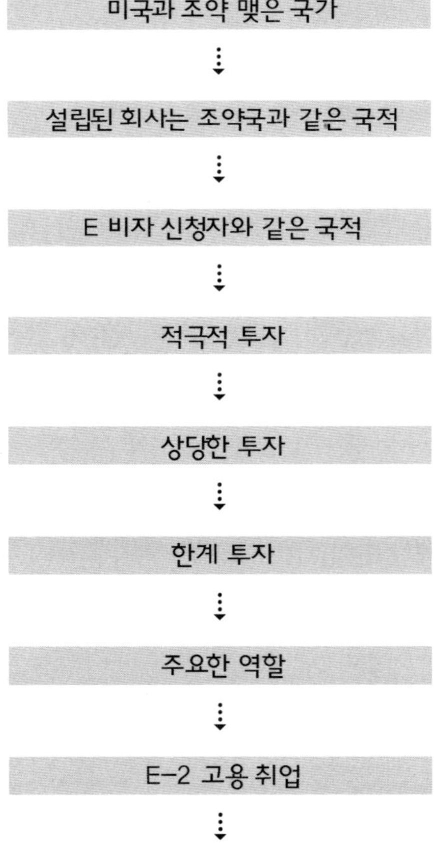

배우자 취업 가능

⋮

F-1에서 E-2로 변경 가능

투자 비자(E-2)는 소액 투자를 통해 받는 비이민 비자를 뜻하며, 100만 달러 이상 투자하여 영주권을 획득하는 투자 이민과는 구별됩니다. 미국 투자나 자녀의 교육 때문에 E-2 비자에 대한 관심이 증가하고 있습니다. 투자 비자는 영주권은 받지 못하나, 소액 투자로 미국 내에서 사업체를 유지하는 한 미국 내 체류가 가능합니다. E-2 비자 조건 중 미국과 조약 맺은 국가와 설립된 회사의 조약국과 같은 국적, 그리고 E 비자 신청자와 같은 국적에 관한 설명은 앞의 E-1 비자와 똑같습니다. F-1 비자 소유자가 미국 내에서 E-2 비자로 변경도 가능합니다.

Q & A

Q: E-2 비자 신청 시 적극적 투자란 무엇입니까?

A: 적극적 투자(active investment)란 상품이나 서비스가 창출되는 사업을 운영하는 곳에 투자하는 것을 뜻합니다.

따라서 부동산 구매나 은행에 소극적으로 돈을 입금하는 것과 같은 소극적 투자(passive investment)는 인정되지 않습니다.

Q: 적극적 투자로 인정되는 시기는 언제입니까?

A: 투자를 이미 했거나 혹은 적극적 투자의 진행 과정에 있으면 됩니다. 따라서 20만 달러짜리 사업체를 구입할 경우, 일단 10만 달러만 송금하여 적극적 투자의 과정을 확실히 증명해 주어도 E-2 비자를 받을 수 있습니다.

Q: 은행이나 남에게 빌린 돈으로 투자해도 됩니까?

A: 투자금의 출처를 밝힐 수 있어야 하고, 반드시 본인의 재산이어야 합니다. 은행에서 대출받은 돈이라 할지라도, 본인의 재산을 근거로 받아야 합니다.

Q: 유산이나 증여로 받은 돈으로도 투자할 수 있습니까?

A: 예, 가능합니다. 그러나 상속세나 증여세를 낸 증거를 요구하기도 합니다.

Q: E-2 비자를 위해서는 얼마나 투자해야 상당한 투자가 됩니까?

A: E-2 비자 신청을 위한 상당한 투자의 최소한의 투자액에 관한 자세한 규정은 없습니다. 그러나 일반적으로 투자 액수는 투자 지역과 투자 대상물, 그리고 구매 가격 등 여러 요인을 고려하여 결정합니다.

Q: 15만 달러짜리 꽃집에 투자하려고 하는데 가능한가요?

A: 예, 가능합니다. 물론 가게의 규모나 장소에 따라 다르겠지만 일반적으로 꽃집의 가격에 맞는 15만 달러의 투자 액수는 상당한 투자라고 볼 수 있습니다. 통상적으로 투자 액수가 많으면 많을수록 투자 비자를 받을 확률이 높아질 수 있습니다.

Q: 투자하는 사업체에 제한이 있습니까?

A: 그렇지 않습니다. 주유소나 꽃집, 세탁소, 델리 숍 등 다양한 곳에 투자할 수 있습니다.

Q: 한계 투자란 무엇입니까?

A: 한계 투자(marginal investment)란 투자자나 가족의 최저 임금을 받기 위한 수단으로 투자해서는 안 된다는 뜻입니다.

Q: E-2 투자가 가족 생계 유지비를 벌기 위한 수단이 아님을 어떻게 증명합니까?

A: 투자에 대한 5년 계획서를 통해 이익이나 고용 창출 가능성을 밝히면 됩니다.

Q: 한국에 있는 재산이나 수익이 한계 투자 증명에 도움이 됩니까?

A: 예, 그렇습니다. 한국 내에 있는 재산이나 고정 수입은 도움이 될 수 있습니다.

Q: E-2 비자 소유자는 사업체에 직접 참여해야 합니까?

A: 예, 그렇습니다. E-2 비자 소유자는 투자한 사업체에 적극적으로 참여(active participation)하여 투자를 활성화해야 합니다. 따라서 투자자는 사업 전반에 대해 지휘, 감독하는 중요한 역할을 맡아야 합니다.

Q: E-2 비자를 통한 고용 취업은 어떤 자들이 가능합니까?

A: E-1 비자 고용 취업과 조건이 같습니다.

Q: E-2 비자 소유자의 배우자는 취업이 가능합니까?

A: 예, 그렇습니다.

Q: E-2 비자 소유자의 자녀는 학교에 다닐 수 있습니까?

A: 예, 21세 미만까지의 동반 가족은 학교에 다닐 수 있습니다.

Q: E-2 비자의 유효 기간은 얼마나 됩니까?

A: E-2 비자를 처음에 미 대사관에서 신청할 경우, 2년 혹은 5년을 줄 수 있습니다. 미국 내에서 E-2 비자를 신청하여 비자 변경을 할 경우 2년의 기간을 허락해 줍니다.

Q: E-2 비자의 신청 방법은 어떻습니까?

A: E-1 비자처럼 미 대사관을 통하여 받을 수도 있고, 미 이민국을 통해 미국 내에서 받을 수도 있습니다. 구비 서류는 E-

1 비자 서류와 거의 유사하나, 투자 관련 서류만 따로 첨부
하시면 됩니다.

Q: 미 대사관 인터뷰 시 본국 거주지 증명은 해야 합니까?
A: 그렇지 않습니다. E 비자 신청자는 한국으로 돌아올 거주지
를 증명하지 않아도 됩니다. 단지 투자의 목적을 달성한 뒤
에는 미국을 떠날 것이라는 진술만으로 충분합니다.

 **체험담 : 임대 계약이 안 되면 투자 불가능**

갑순이는 커피숍을 구입하여 E-2 비자를 신청하려고 했습니다.
그래서 계약을 추진하기 위해 가게 건물주로부터 임대(lease)를 요
구했으나 거절되고 말았습니다. 미국에서 신용(credit)이 없는 외국
인에게 가게를 임대한 뒤, 월세를 제대로 낼 수 있을지 의문을 가
지는 것은 당연한 것입니다. 만약 임대 계약이 체결되지 않으면,
사업체 매매 계약도 이루어질 수 없기에 결국 E-2 비자를 신청할
수 없는 상황이 되었습니다.

그러나 다행스럽게도 갑순이를 잘 아는 사업체 판매자가 건물
주에게 임대 보증을 서겠다는 조건으로 임대를 허락받았던 것입니
다. 즉 만약 갑순이가 월세를 못 내면, 판매자가 대신 월세를 내주
겠다고 보증을 서 주는 것이었습니다. 이와 같이 사업체를 찾고 투
자하는 모든 과정을 전문가의 자문을 받고 신중하게 선택하는 것
이 투자 비자의 성공 조건입니다.

E-2 비자는 상업적 사업(commercial enterprises)을 통해서 신청할 수 있습니다. 따라서 학교나 단체 등 비영리 기관에 투자할 경우에는 E-2 비자를 신청할 수 없습니다.

사업체를 단독으로 찾기가 어렵거나, 혹은 건물주로부터 임대 계약을 받기가 어려울 경우에는, 사업체의 지분을 50% 이상을 투자하여 E-2 비자 신청을 할 수도 있습니다. 그러나 투자 파트너와의 원활한 관계 유지와 사업의 지속적인 성장 가능성 등 여러 가지를 고려한 뒤, 투자의 타당성 여부를 최종 결정하시는 것이 바람직합니다.

6) F-1에서 L-1(주재원 비자)로

국제 기업 회사원 파견 목적

⋮

1년 근무 조건

⋮

L-1 단체 신청 가능

⋮

한국에 본사가 있고, 미국 내에 지사를 설립한 한국 기업체는 주재원 비자(L-1)를 통해 본사 직원을 미국 지사의 주재원으로 파견할 수 있습니다. 여기에서 기업체라 함은, 큰 기업만을 뜻하는 것이 아니리, 국제 무역에 종사하는 회사까지 포함합니다. L 비자는 해외 파견 직원에게 아주 편리한 비자이며, 조건만 허락된다면 취업 이민 제1순위 신청도 가능합니다. L 비자는 L-1A(매니저나 중역)와 L-1B(전문지식 소유자) 등으로 나누어집니다.

주재원 비자의 장점은 5년에서 7년까지의 장기 체류를 통해 미국에서 파견 근무를 할 수 있다는 것입니다. F-1 비자 소유자가 L-1 비자로 변경할 수는 있으나, L-1 비자를 신청해 주는 회사에서 1년 이상 근무 경력이 있어야 가능합니다.

Q & A

Q: 국제 기업 회사란 어떤 회사입니까?

A: 한국의 본사가 미국 지사의 주식의 50% 이상을 소유하면,

본사와 지사간의 기업체 관계(corporate relationship)가 생깁니다. 이런 회사가 국제 기업 회사이며, L-1 비자를 신청할 수 있는 자격이 있습니다.

Q: 지사와 본사의 관계를 증명하는 또 다른 요인들은 무엇이 있습니까?

A: 같은 회사 이름 사용, 직원 상호 교류, 기술과 재정 및 연구 기술의 공유 등입니다.

Q: 종교 단체나 비영리 단체도 지사 설립이 가능합니까?

A: 예, 그렇습니다. 종교 단체나 비영리 단체가 지사를 설립했을 경우, L-1 비자 신청이 가능합니다.

Q: 미국에 처음으로 지사를 설립할 경우, 무엇을 증명해야 합니까?

A: 미국에 새로운 지사를 설립할 경우에는 사무실을 개설해야 하고, 이를 증명하기 위해서는 임대 계약서나 사무실 구매 증서를 제시해야 합니다.

Q: L-1 비자를 신청하기 위해서는 1년 근무 경력이 필요합니까?

A: 예, 그렇습니다. L-1 비자의 신청자는 지난 3년 이내에 최소한 1년간 본사나 본사와 연관된 계열 회사에서 근무했어야 합니다(One continuous year of employment within the last three years).

Q: "최근 3년 이내의 1년 근무"라는 것은 최근 3년 동안의 중단되어진 여러 기간을 합해서 1년이라는 뜻입니까?

A: 아닙니다. 1년의 근무 기간은 중단 없이 계속적으로 고용되어진 기간을 뜻합니다.

Q: 1년간 고용된 것은 풀타임이어야 합니까?

A: 예, 그렇습니다.

Q: L-1 비자에 해당되는 직원은 누구입니까?

A: 매니저(manager), 중역(executive), 혹은 전문 지식 소유자(specialized knowledge personnel)만이 L-1 비자를 받을 수 있습니다.

Q: L-1A 비자와 L-1B 비자의 차이점은 무엇입니까?

A: L-1A 비자는 중역이나 매니저에게 주어지는 비자로서, 7년 미국 체류가 가능한 반면, L-1B 비자 소유자에 해당하는 전문 지식 소유자인 경우에는 5년간 체류가 가능합니다.

Q: 매니저는 어떤 직원입니까?

A: 회사를 경영하며, 직원을 지휘, 감독하고 일상 업무에 재량권을 행사하는 자입니다.

Q: 다른 직원이 없을 경우에도 매니저가 될 수 있습니까?

A: 예, 사업이 복잡하거나, 외부 계약자를 사용해야 할 경우 가능합니다.

Q: 중역은 어떤 직원입니까?

A: 중역은 회사의 경영이나 기능을 관리하고, 목표와 정책을 설정하는 자입니다.

Q: 중역과 매니저의 구분은 어떻게 합니까?

A: 미국 지사로 파견되는 사람이 중역인지 매니저인지의 구분은, 회사의 규모나 발전 단계, 혹은 회사의 기능이나 조직의 전반적인 목적을 고려한 뒤 결정할 수 있습니다.

Q: L-1A 비자 소유자의 장점은 무엇입니까?

A: L-1A 비자를 소유한 중역이나 매니저는 취업 이민 1순위에 해당되기 때문에 빠른 시간 안에 영주권 획득이 가능할 수 있습니다. 그러나 회사의 규모와 재정도 고려해야 하므로 전문가의 자문이 필요합니다.

Q: 전문 지식 소유자는 어떤 직원입니까?

A: 전문 지식 소유자란 회사 제품이나 서비스, 또한 국제 시장에 관한 전문 지식을 소유하거나 혹은 회사 운영에 대한 높은 수준의 지식을 소유한 자를 뜻합니다.

Q: 전문 지식 소유자의 예는 무엇이 있습니까?

A: 식당의 스시 요리사는 숙련공이기 때문에 전문 지식 소유
자로 인정되지 않습니다. 그러나 인테리어 디자이너와 같은
전문 지식이 있는 전문 직종은 가능합니다.

Q: 지사가 새 사무실을 개설할 경우, 체류 기간은 얼마나 됩
니까?

A: 새 사무실인 경우에는 1년간 유효한 L 비자를 줍니다. 1년
이 지난 후 연장이 가능합니다.

Q: L-1 비자의 체류 기간은 보통 얼마나 됩니까?

A: 처음 신청할 경우 3년간 유효한 비자를 받습니다.

Q: L-1 비자의 연장은 가능합니까?

A: 예, L-1A 비자는 4년간 연장이 가능하고, L-1B 비자는 2년
간 연장이 가능합니다.

Q: 단체 신청이란 무엇입니까?

A: 국제 규모의 기업체가 다수의 주재원을 파견하고자 할 경
우, 주재원 개개인을 따로 신청하지 않고, 단체로 신청할 수
있도록 하는 제도입니다. 단 미국의 지사를 설립한 지 1년이
넘은 기업체이고, 또한 국내외를 포함하여 세곳 이상의 지
사를 가진 기업체이어야만 합니다.

Q: 단체 신청의 자격 조건은 무엇입니까?

A: 단체 신청의 조건에 해당되기 위해서는 다음의 세 가지 조건 중 하나를 충족하면 됩니다.

- 지난해 최소한 10명의 L-1 비자가 승인된 경우,
- 미국 연간 매상이 2천 5백만 달러($25Million),
- 미국 내 1,000명 이상의 고용 창출 기업체

Q: 비영리 단체도 단체 신청을 할 수 있습니까?

A: 안 됩니다.

Q: L-1 비자의 동반 가족은 무슨 비자를 받습니까?

A: L-2 비자를 받습니다.

Q: L-1 비자의 배우자는 취업이 가능합니까?

A: 예, L-1 비자 소유자의 배우자는 이민국에서 취업증을 받고 취업이 가능합니다.

Q: L-2 비자를 소유한 자녀는 학교를 다닐 수 있습니까?

A: 예, 다닐 수 있습니다.

Q: L-1 비자는 어떻게 신청합니까?

A: 먼저 관할 이민국에 신청해야 합니다. 만약 미국 내에 있을

경우 비자 변경이 가능합니다.

- I-129L 단기 취업 신청서

- 회사 편지

- 지사 관련 서류

- 신청자 이력서

- 경력 증명서

- 졸업 증명서

- I-539(동반 가족 시)

- 이민국 수수료

Q: 이민국 수수료 중 첨가되는 수수료는 무엇이 있습니까?

A: L-1 비자를 신청할 경우 사기 방지 기금으로 500달러를 납부해야 합니다. 만약 급행료를 내시면, 15일 안에 승인결과를 받아 볼 수 있습니다.

Q: 한국 미 대사관에서 L-1 비자를 받을 수 있습니까?

A: L-1 비자 신청자가 한국에 있을 경우, 이민국 승인을 받고 한국 소재 미 대사관에서 L-1 비자를 취득 후 미국 입국이 가능합니다. L-1 비자 신청 방법도 다른 비이민 비자 신청 방식과 거의 비슷합니다.

Q: L-1 비자도 이중 의도를 가져도 됩니까?

A: 예, H 비자와 마찬가지로, 영주권 신청을 했다 하더라도 L-1 비자를 받을 수 있습니다.

 **체험담 : 새 회사 설립 후 주재원 비자 신청**

갑순이는 미용 관련 제품을 생산하여 미국에 수출하는 회사의 경영인입니다. 미국인의 기호에 맞는 제품을 제작하고, 품질과 디자인을 향상시킨 후에 미국 수출액이 100만 달러에 육박하게 되었습니다. 그래서 갑순이는 미국 현지에서 시시각각 변하는 미용 패션을 파악하고, 새 상품 개발을 위해 미국 내 지사 설립을 추진하게 되었습니다.

갑순이는 먼저 미국 내에서 변호사를 만나 회사 설립을 하고, 사무실을 구입하는 등 지사 설립을 위한 조치를 마쳤습니다. 그런 다음, 미 이민국에 L-1 비자 관련 서류를 신청하고, 얼마 뒤에 최종 승인을 받게 되었습니다. 그 승인서를 가지고 한국의 미 대사관에서 주재원 비자를 받고 미국에 입국했습니다. 새 사무실이기 때문에 1년간 유효한 L-1A 비자를 받았습니다. 그 후 미국에 체류하면서 무역 실적이 대폭 늘어 1년 뒤에 L-1A 비자를 연장하는 데 별 지장이 없었습니다.

하지만 9·11 테러 이후 L 비자에 대한 심사가 강화되었습니다. 따라서 L-1 비자 연장 시 이민국에서는 지사 운영에 관한 서류를 엄격히 심사하고 있습니다. 따라서 L-1 비자가 승인되었다고 방심하다가는 연장할 때 문제가 될 수 있으니, 유의하시기 바랍니다.

⚖ 법 상식 : 전문 지식 소유자의 체류 기간

전문 지식 소유자는 5년까지 체류할 수 있으나, 만약 5년 만기일 6개월 전에 매니저로 승격되면, 7년까지 연장하여 주재원으로 근무할 수 있습니다. 그러나 만약 5년 만기일이 되어 귀국했을 경우에는, 1년이 지난 뒤에 다시 L-1B 비자로 재입국이 가능합니다.

📝 어드바이스 : 주재원 비자의 대안

F-1 비자 소유자가 L-1 비자 신청을 위한 1년의 연속된 근무 경력이 없어서 L-1 비자를 신청하지 못할 경우에는, H-1B 비자, E-1 비자나 E-2 비자 등으로 변경하여 취업을 할 수 있습니다. 따라서 각종 비자의 조건과 자신의 자격 조건 등을 분석하여 올바른 비자를 선택하는 것이 매우 중요합니다.

7) F-1에서 I(기자 비자)로

외국 언론 기자와 주미 특파원이 대상

⋮

체류 기간 무제한

⋮

| 본국 거주지 증명 불필요 |

⋮

| 배우자 취업 불가 |

⋮

| F-1에서 I로 변경 가능 |

기자 비자(I)란 외국 신문이나 라디오, 혹은 TV에 종사하는 언론
인이나 미국 상주 특파원에게 주어지는 비자입니다.

Q & A

Q: I 비자는 어디서 받습니까?

A: I 비자는 한국의 미 대사관에서 발행해 주며, 미 문화원 소
   속의 I 비자 담당자가 있습니다.

Q: I 비자를 위한 제출 서류는 무엇입니까?

A: 언론사 재직 증명서와 미국 취재나 발령 증명서를 제출하
   면 됩니다.

Q: I 비자로 미국에 입국한 후 비자연장이 필요할 시 미국 내
   에서 할 수 있습니까?

A: 9·11테러 전에는 미 국무부에서 I 비자를 연장해 주었으나,

지금은 반드시 한국의 미 대사관에 가서 비자를 재발급받아
야 합니다.

Q: I 비자로 입국하면 체류 허가증(I-94)에는 얼마간의 체류
기간을 줍니까?
A: 미국 입국 시 I-94에는 D/S를 적어 줍니다. 즉 미국 내에서
취재의 목적이 끝날 때까지 체류할 수 있습니다.

 **체험담 : 기자 비자 없이 방문하면**

갑돌이는 한국의 TV방송국 기자인데, 미국의 슈퍼볼 경기를 취
재하기 위해 방문 비자로 미국을 방문했습니다. 미국 공항에서 입
국 심사관이 방문 목적을 물으니, 갑돌이는 슈퍼볼 취재로 왔다고
했습니다. 그러나 갑돌이는 방문 비자를 소지하였기 때문에, 입국
심사관은 취재 목적에 합당한 비자가 없다고 하여 입국을 거절하
였습니다. 즉, 갑돌이는 I 비자를 받고 입국했어야 했습니다. 그러
다가 공항에서 어렵게 사정한 끝에 간신히 입국하여 취재를 마쳤
다는 뒷이야기가 있습니다. 그러므로 방문 목적에 맞는 비자를 소
지하지 못하면, 불이익을 당할 수 있음을 명심해야겠습니다.

 **법상식 : 기자 비자의 성격**

I 비자는 체류 제한이 없으며, 본국 거주지를 요구하지 않습니

다. 그리고 미국 내에서 신분을 변경하여 영주권을 신청하는 데 제한이 없습니다. 그러나 언론인은 반드시 같은 업종인 언론 계통으로만 취업하여 영주권을 신청해야 하는 제한이 있습니다.

I 비자 소유자의 배우자나 자녀도 같은 I 비자를 받습니다. I 비자 소유자의 배우자는 취업을 할 수 없습니다. I 비자 소유자의 자녀는 21세 미만까지는 학교를 다닐 수 있습니다. 만약 기자가 한국으로 돌아갈 경우, 동반 가족도 같이 떠나야 합니다. 그렇지 않고 동반 가족만 미국에 계속 남아 있으면 불법 체류 신분이 될 수 있습니다. 따라서, 동반 가족이 계속 체류를 원할 경우에는, 기자가 출국하기 전에 동반 가족의 비자를 합당한 비자로 변경 신청을 해야 합니다.

8) F-1에서 K-1(약혼자 비자)로

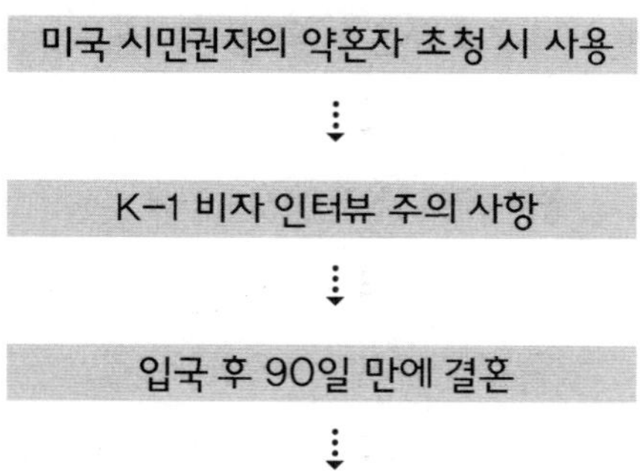

미국 시민권자가 애인을 초청하여 결혼하고자 할 때 약혼자 비자(K-1)를 사용할 수 있습니다. 약혼자가 되기 위해서 약혼식을 따로 한다거나 혹은 예물 교환을 해야 하는 등의 절차상 예식은 요구되지 않습니다. 단지 두 남녀가 가까운 장래에 결혼할 것임을 밝히면 되므로, K-1 비자를 받고 신속히 미국에 입국하여 결혼할 수 있는 장점이 있습니다. 단, F-1 비자 소유자는 미국 내에서 K-1 비자로 변경할 수 없습니다.

Q & A

Q: 미국 영주권자도 약혼자를 초청할 수 있습니까?
A: 안 됩니다. 반드시 미국 시민권자여야 합니다.

Q: 약혼자임을 어떻게 증명합니까?
A: 지난 2년 중에 최소한 한 번은 만난 것을 밝혀야 합니다.

Q: 만약 한 번도 못 만났다면 어떻게 합니까?
A: 만날 수 없었던 사유가 극도의 어려움이나 전통적인 관습에 의한 특별한 상황이었음을 밝혀야 합니다.

Q: K-1 비자 신청은 어떻게 합니까?

A: 미국 시민권자가 거주하는 관할 이민국에 K-1 비자 서류를 제출합니다.

- I-129F 약혼자 초청 신청서
- 초청자의 시민권증 사본
- 약혼자의 증명 서류
- 약혼자의 출생 증명서
- 이민국 수수료

Q: K-1 비자 신청에 소요되는 기간은 얼마나 됩니까?

A: 이민국에 K-1 비자가 승인되는 데는 6-12개월 정도 소요됩니다.

Q: K-1 비자가 승인되면, 그다음 절차는 어떻게 됩니까?

A: 한국 소재 미 대사관에서 약혼자에게 인터뷰 날짜를 알려줍니다. 인터뷰 관련 서류를 제출하고 인터뷰에 통과되면, K-1 비자를 받게 됩니다.

Q: 미 대사관에서 K-1 비자 인터뷰 시 준비 사항은 무엇이 있습니까?

A: 두 사람이 언제, 어디서, 어떻게 만나고 알게 되었는가를 자세히 물어봅니다. 따라서 같이 찍은 사진이나 서로 주고받은

편지나 이메일 등을 지참하여 영사에게 보여주면 좋습니다.

Q: 만약 약혼자에게 자녀가 있으면 자녀도 같이 미국에 갈 수
있습니까?
A: 예, 약혼자는 K-1 비자를 받고, 그의 자녀는 K-2 비자로 입
국이 가능합니다.

Q: 만약 인터뷰 전에 미국 시민권자가 사망하면 어떻게 됩니
까?
A: 초청자가 사망하거나 K 비자를 취소할 경우에는 K 비자로
입국할 수 없습니다.

Q: K-1 비자로 입국하면 취업이 가능합니까?
A: 예, 그렇습니다.

Q: K-1 비자로 입국하면 90일 안에 결혼해야 합니까?
A: 예, 그렇습니다. 만약 90일 안에 합법적인 결혼을 하지 않
으면 불법 체류 신분이 됩니다.

Q: K-1 비자로 입국 후 90일 안에 영주권 신청을 해야 합니까?
A: 꼭 그렇지 않습니다. 90일 안에 혼인신고만 하면, 90일이
지나서 영주권을 신청해도 무관합니다. 그러나 혼인 신고
후 바로 영주권을 신청하는 것이 바람직합니다.

Q: 영주권 신청은 어떻게 합니까?

A: 결혼 증명서를 첨부하여, 미 이민국에 신분 변경을 통한 영
주권 신청을 하면 됩니다. 결혼에 의한 영주권 신청 방법은
뒤에서 더 자세히 설명해 드리겠습니다.

Q: 영주권을 신청하면 그 절차와 소요 기간이 어떻게 됩니까?

A: 영주권 신청 서류 접수 후 6-12개월 안에 미 이민국에서 인
터뷰를 하게 됩니다. 인터뷰에서 통과되면 2년간 유효한 조
건부 영주권을 받게 됩니다.

Q: 조건부 영주권은 어떻게 갱신합니까?

A: 2년의 조건부 영주권이 만기되기 90일 전에 합법적인 부부
임을 증명하는 서류를 이민국에 제출하여 승인되면 정식 영
주권을 발급해 줍니다. 부부로서 의심이 있을 경우, 인터뷰
를 요구하기도 합니다.

 **체험담 : 약혼자와의 상봉**

갑돌이는 미국에서 공부하던 중 학교에서 만난 미국 여자친구
와 사랑에 빠졌습니다. 졸업 후 한국으로 돌아와서도 계속 미국에
있는 여자친구가 생각나서 서로 결혼하기로 했습니다. 그래서 미
국에 있는 여자친구는 남자의 가족을 만나기 위해 한국을 방문하
였습니다. 결국 두 사람은 사랑을 인정받았고, 가장 빨리 하나로

합칠 수 있는 길을 모색했습니다. K-1 비자를 신청하면 6-12개월 이면 갑돌이가 미국으로 갈 수 있으나, 혼인 신고를 미리 하고 시 민권자 배우자로 초청하면 1년에서 1년 6개월 이상의 소요 기간이 걸릴 수 있다는 것을 알게 되었습니다.

그래서 미국의 여자친구는 K-1 비자를 이민국에 신청하여 승인을 받았습니다. 약혼자 비자 신청서는 다른 이민국 신청 서류와 달리 핑크색의 신청 용지입니다. 갑돌이는 미 대사관에서 인터뷰를 할 때 미국에서 공부하면서 같이 찍은 사진과 여자친구가 한국에 왔을 때 같이 찍었던 사진을 보여주고, 약혼자 관계임을 증명했습니다. 갑돌이는 K-1 비자를 무난히 받고 입국하여, 그 여자친구와 결혼하여 행복하게 살고 있습니다.

 **법 상식 : 초청한 약혼자와 90일 안에 결혼해야**

K-1 비자로 입국한 사람은 90일 안에 결혼 해야 하는데, 만약 90 일이 지나서 초청인과 결혼할 경우에는 불법 체류가 될 수 있습니다. 그러나 복잡한 절차를 밟아서 구제되는 길도 있습니다. 그러므로 반드시 입국 후 90일 안에 혼인 신고를 하는 것이 바람직합니다.

한편, K-1 비자로 입국한 사람은 초청인 외에 제3자와 결혼할 경우, 불법 체류 신분이 됩니다. 따라서 K-1 비자로 입국한 사람이 90일 이내에 초청인 외에 다른 미국 시민권자와 결혼한다 할지라 도 미국 내에서 영주권을 받을 수 없습니다.

미국 시민권자의 배우자로 미 이민국에 I-130, 이민 청원 신청
서를 신청했을 경우, 이민 청원 신청서의 최종 승인을 기다리기 전
에 우선 미국에 입국할 수 있게 해주는 비자가 K-3 비자입니다.

미 대사관에서 K-1 비자 인터뷰를 할 경우, 초청자의 재정 보증
서(2인 가족의 경우, 18,387달러: 2011년 기준)를 첨부해야 합니다. 재정
보증서 양식은 I-864가 아닌 I-134를 첨부하면 됩니다. 만약 초청
자의 재정이 부족할 경우에는 제3자의 재정 보증서를 함께 제출하
면 됩니다.

9) F-1에서 O-1(특기자 비자)로

⋮

F-1에서 O-1로 변경 가능

특기자 비자(O 비자)는 사업(business)과 관련된 비이민 비자의 성격을 띠며, 미국에서 초청자의 초청을 받아야만 신청이 가능합니다. O-1 비자로 특출한 능력을 가진 요리사나 벽화가 등을 초청할 수도 있습니다. F-1 비자 소유자가 O-1 비자 조건을 갖추고 미국에서 초청자가 있을 경우 비자 변경이 가능합니다.

Q & A

Q: O 비자는 누가 신청할 수 있습니까?

A: 과학, 예술, 교육, 경영, 혹은 체육 분야에 특출한 능력을 가진 자로서, 국내적이나 국제적으로 명성을 밝힐 수 있는 사람은 O-1A 비자를 신청할 수 있습니다.

Q: 특기자란 무엇을 뜻합니까?

A: 해당 분야에 특출한 능력을 소유한 자를 뜻합니다.

Q: 영화배우나 TV 연예인도 O 비자를 받을 수 있습니까?

A: 예, 영화배우나 TV 연예인은 특출한 업적(extraordinary achievement)을 증명함으로써 O-1B 비자를 받을 수 있습니다.

Q: O-1A 비자와 O-1B 비자 중 어느 비자가 받기 쉽습니까?

A: O-1A 비자의 특출한 능력은 O-1B 비자의 특출한 업적보다 자격조건이 높기 때문에, 연예인들이 오히려 O-1B 비자를 더 쉽게 받을 수 있으며, 따라서 O-1B 비자가 연예인 교류에 이바지하고 있습니다.

Q: 과학, 교육, 경영, 혹은 체육 분야의 특기자는 어떻게 증명합니까?

A: 세계적으로 알려진 노벨상 같은 국내적, 혹은 국제적인 상을 받은 경력을 제시하면 됩니다. 혹은 다음 열거한 사항 중에서 3가지에 해당될 때 가능합니다.

1. 국내외 수상 경력

2. 우수 협회 회원 멤버십

3. 출판물

4. 심사위원 자격

5. 독창적인 과학적, 혹은 학구적 업적

6. 학구적 분야의 저작권자

7. 명성 있는 단체의 주요 임직원

8. 월등히 높은 월급

Q: O 비자의 예술 분야는 무엇을 포함합니까?

A: 예술은 범위가 넓어서 제작자나 연예인뿐만 아니라 주요

감독, 오케스트라 단원, 코치, 분장사, 무대 기술자나 동물 트레이너도 포함됩니다. 또한 요리 예술도 포함됩니다.

Q: 예술 분야의 특기자는 어떻게 증명합니까?
A: 아카데미상이나 에미상 같은 국제적인 수상 기록을 증명하면 됩니다. 그렇지 않을 경우에는 다음에 열거한 사항 중에서 3가지에 해당되면 가능합니다.

1. 명성 있는 작품의 주연
2. 주요 언론사의 논평
3. 명성 있는 예술 단체를 이끈 경력
4. 중요한 상업적 성공 기록
5. 단체나 정부, 혹은 언론에서의 중대한 인식
6. 월등히 높은 월급

Q: O-2 비자는 누가 받습니까?
A: O-1 비자를 받은 예술가나 체육인의 수행원이 받을 수 있습니다.

Q: O-2 비자 신청자의 조건은 무엇입니까?
A: 신청자는 공연에 꼭 필요한 자로서, 남이 대신할 수 없는 중요한 기술과 경험이 있는 자입니다.

Q: O 비자의 동반 가족은 무슨 비자를 받습니까?

A: O-3 비자를 받고 같이 입국할 수 있습니다.

Q: O 비자는 어떻게 신청합니까?

A: O 비자를 신청하기 위해서는 먼저 동류 단체(peer group)로
부터 O 비자 초청에 관한 자문 의견서(advisory opinion)를
받아야 합니다. 그런 다음 이민국에 I-129 단기 취업 신청서
와 특기자 비자 신청자의 자격 요건, 그리고 이민국 수수료
등을 제출하면 됩니다.

Q: 미 대사관에서의 신청 절차는 어떻게 됩니까?

A: 이민국에서 O 비자를 승인하면, 본국 소재 미 대사관에서
비이민 비자 신청서를 제출하여 인터뷰를 하고 미국 입국을
할 수 있습니다. 미 대사관에서 인터뷰를 할 때 이민국에 제
출했던 서류를 지참하여 O 비자의 자격을 증명하면 됩니다.

체험담 : 특기자 초청 취업

갑돌이는 태권도 선수 생활을 오래했으며, 한국에서 여러 수상
경력이 있었습니다. 그리고 태권도 시범단에 소속되어 순회 시범
에도 참여한 화려한 경력의 소유자였습니다. 그러던 중 미국의 한
태권도 도장에서 갑돌이를 초청하여 태권도 사범으로 채용하고 싶
어했습니다. 태권도 도장 측에서는 O-1 비자로 갑돌이를 초청하였

고, 모든 조건이 충족된 갑돌이는 무난히 비자를 받아 도장에서 열심히 학생들에게 태권도를 가르칠 수 있게 되었습니다.

 **법 상식 : O 비자의 입국, 출국 시기**

미 대사관에 O 비자를 받으면 O 비자 승인서에 적힌 취업일의 10일 전부터 미국 입국이 가능합니다. 그리고 O 비자 체류 기간이 만료되면 만료일로부터 10일 안에 출국해야 합니다.

어드바이스 : O 비자의 연장

O 비자는 3년까지 유효한 비자를 받을 수 있으며, 연장도 가능합니다. 따라서 O 비자 체류 요건만 갖추면 체류 목적을 달성할 수 있는 기간까지 연장하여 미국 내에서 계속 활동할 수 있습니다.

10) F-1에서 P(공연 비자)로

P-1 국제 공연 비자

⋮

P-2 교환 공연 비자

⋮

P-3 문화 공연 비자

⋮

공연 비자(P 비자)는 체육인(athletes), 혹은 공연단(group entertainers), 연예인(entertainers)에게 발급되는 비자입니다. P 비자는 방문 목적과 성격에 따라 P-1, P-2, P-3 비자로 나누어집니다. F-1비자 소유자가 연예인이나 체육인으로서 P 비자에 해당되면, P 비자를 받을 수도 있습니다.

Q & A

Q: P-1 비자는 무엇입니까?
A: 국제 수준급 선수나 연예인, 혹은 공연단이 신청할 수 있는 비자입니다.

Q: P-1 비자로 단독 초청될 수 있습니까?
A: 안 됩니다. 연예인의 경우 단체로만 참석해야 하나, 체육인의 경우에는 개인 자격으로 경기에 참석할 수 있습니다.

Q: P-1 비자 신청 시 국제 수준급임을 어떻게 증명합니까?
A: 체육인의 경우, 국제적으로 인정받은 팀이나 협회로부터

받은 계약서를 제시하면 됩니다. 또는 국제 수준급 대회 참
가 경력이나 국제 대회 수상 경력 등을 제시하시면 됩니다.
공연단의 경우에는, 공연 단체가 국제적으로 알려진 공연
단체이어야 하며, 일반적으로 단체 단원 중 최소한 75%는 1
년 이상 단체 소속원이어야 합니다.

Q: P-1 비자의 중요 단원들도 함께 비자를 받을 수 있습니까?

A: 예, 국제 공연단의 핵심 단원들은 P-1B 비자를 받고 공연에
참여할 수 있습니다.

Q: P-1 비자의 체류 기간은 얼마나 됩니까?

A: 보통 체류 기간은 출전 경기나 출연에 필요한 기간 동안 체
류할 수 있습니다. 개인 자격으로 방문한 체육인의 경우에
는 처음에는 5년 비자를 받고, 나중에 5년을 더 연장할 수
있습니다.
체육인들의 팀의 체류 기간은 1년이며, 1년 더 연장이 가능
합니다.

Q: P-2 비자는 무엇입니까?

A: P-2 비자는 교환 공연 비자라고 하며, 상호 교환 프로그램
을 통해 방문하는 개인이나 단체의 예술인이나 연예인에게
주어지는 비자입니다.

Q: P-2 비자를 신청하기 위한 상호 교환 프로그램을 어떻게
증명합니까?

A: 상호 교환 계약서의 사본을 제출하여, 상호 교환 프로그램
의 존재 여부를 밝히고, 또한 주최측의 편지로 상호 교환 프
로그램의 내용을 설명하면 됩니다.

Q: P-2 비자의 체류기간은 얼마나 됩니까?

A: 체류 기간은 상호교환 프로그램에 필요한 체재 기간 동안
이며, 최대한 1년까지 체류할 수 있습니다.

Q: P-3 비자는 무엇입니까?

A: P-3 비자는 문화 공연 비자라고 하며, 개인이나 단체를 불
문하고 예술인이나 연예인 중에서 독특한 문화 공연에 참가
하는 자에게 부여되는 비자입니다.

Q: P-3 비자의 좋은 예는 무엇이 있습니까?

A: 한국으로부터 한국 전통 공연단을 초청할 경우에는, 참가
자 전원이 P-3 비자를 받을 수 있습니다.

Q: P-3 비자를 신청하기 위해 독특한 문화 공연이란 것을 어
떻게 증명합니까?

A: 전문가의 편지나 의견서를 통해 개인이나 공연단이 문화적
으로 독특함을 밝히든지, 혹은 문화적인 공연 경력에 대한

신문 기사나 출판물을 제시하면 됩니다. 그리고 문화적으로
독특한 행사 속에서 공연이 이루어질 것임을 밝히면 됩니다.

Q: P-3 비자의 공연이 상업성을 가질 수도 있습니까?
A: 예, 상업적인 문화 공연도 될 수 있습니다.

Q: P-3 비자의 체류기간은 얼마나 됩니까?
A: 공연 기간에 필요한 체류 기간이며, 최대한 1년간 체류가
   가능합니다.

Q: P-4 비자는 누가 받습니까?
A: P-1, P-2, P-3 비자 소유자의 가족, 즉 배우자와 21세 미만
   의 미혼 자녀는 P-4 비자를 받고 미국 체류가 가능합니다.

Q: P-4 비자 소유자는 취업이 가능합니까?
A: 안 됩니다.

Q: P 비자는 어떻게 신청합니까?
A: 먼저 공연 해당 분야의 관련 단체로부터 초청에 관한 자문
   적 의견(advisory opinion)을 받은 뒤, 미 이민국에 I-129, 단
   기 취업 청원서와 관련된 증명 서류를 제출하여 승인을 받
   으면 미국 입국이 가능합니다.

체험담 : 공연 목적에 맞는 비자 신청

한국의 전통 무용단을 초청했습니다. 초청 주최측에서는 공연 장소 예약을 마치고 티켓까지 판매를 다 했습니다. 신문 광고도 이미 나갔고, 공연 준비가 거의 완료되었습니다. 그런데 공연 무용단이 한국 주재 미 대사관에 가서 방문 비자(B-2)를 신청했다가 전부 거절되고 말았습니다. 공연단은 P-3 비자를 미리 신청했어야 했습니다. 보통 P-3 비자를 받기 위해서는 급행료를 낼 경우에도 최소한 1-2개월 전부터 이민국에 제출할 서류 준비를 한 뒤 공연 계획을 세우는 것이 좋습니다.

그러나 이 공연단은 P-3 비자를 알지 못하고 그냥 방문 비자로 입국하여 공연하려 했던 것입니다. B-2 비자로 공연하는 것은 B-2 비자 방문 목적에 맞지 않는 것이기에 비자가 거절된 것이었습니다.

결국 공연을 며칠 앞두고, 필자는 P-3 비자 관련 서류를 이민국에 접수하고 미 이민국과 관련된 대사관의 협조를 요구했습니다. 그 덕분에 공연단원들은 공연 날짜 하루 전에 극적으로 미국 입국을 할 수 있었습니다. 하마터면 주최측의 크나큰 경제적 손실과 함께 공연을 기대했던 많은 사람들에게 큰 실망을 안겨 줄 뻔했습니다. 따라서 미국 비자의 종류와 내용을 바로 알고 일을 진행하면, 이러한 실수를 사전에 예방할 수 있습니다.

한국에서 유명한 음악인이 미국을 방문하여 미국 오케스트라를 위해 연주를 하고자 하면 P-1 비자를 신청할 수 없습니다. P-1 비자는 반드시 한국에서 온 공연팀이어야 하기 때문입니다. 만약 미국 오케스트라와 공연을 하고자 할 때는 O 비자나 H-2B 등의 비자를 통해 진행해야 합니다.

11) F-1에서 R-1(종교 비자)로

같은 종파 2년 회원

⋮

같은 종파 단체의 초청

⋮

최대 5년간 취업 가능

⋮

배우자 취업 불가능

⋮

F-1에서 R-1으로 변경 가능

미국에서는 기독교뿐만 아니라 모든 종교 관련자에게 종교 비자(R-1)의 문호를 개방하고 있습니다. 따라서 모든 종교 관련자는 R-1 비자의 조건을 충족하는 한, 미국 내에서 종교 활동의 단기 취업을 할 수 있습니다. R-1 비자는 영주권을 발급해 주는 종교 이민과 구별되며, 자격 요건도 다릅니다. 종교 이민은 취업 이민 부분에서 설명하고자 합니다. F-1 비자 소유자도 미국 내에서 R-1 비자로 변경이 가능하며, 한국에 있는 종교 관련자는 이민국 승인을 받은 후, 한국의 미 대사관에서 R-1 비자를 받고 입국할 수 있습니다.

Q & A

Q: 누가 R-1 비자에 해당됩니까?

A: 종교 관련자는 크게 셋으로 분류되는데, 첫째는 성직자, 둘째는 전문 종사자, 그리고 셋째는 비전문 종사자로 나누어집니다.

Q: R-1 비자에 해당되는 성직자는 어떤 사람을 뜻합니까?

A: 성직자는 전통 종교 의식을 거행하고 공인된 성직자의 업무를 할 수 있는 권한을 공인된 종교 단체로부터 부여받은 사람입니다. 예를 들면, 목사, 신부, 스님, 이맘(Imam) 등을 들 수 있습니다.

Q: R-1비자에 해당되는 전문 종사자는 어떤 사람을 뜻합니까?

A: 전문 종사자는 학사 학위 이상이 요구되는 종교에 관련된 사람으로서 지휘자, 반주자, 전도사 등이 해당됩니다.

Q: R-1 비자에 해당되는 비전문직 종사자는 어떤 자를 뜻합
니까?

A: 비전문직 종사자는 학사 학위가 필요 없는 전통적인 종교
기능의 업무를 수행하는 사람을 의미합니다. 예를 들면, 교
회 행정 사원이나 번역자, 방송 요원 등이 포함됩니다.

Q: R-1 비자 신청자의 조건은 무엇입니까?

A: R-1 비자를 신청하기 바로 전에 2년 이상 같은 교단에 회원
으로 등록된 사람이어야 합니다.

Q: R-1 비자를 신청할 때 초청 종교 단체의 조건은 무엇입니까?

A: R-1 비자를 신청하는 종교 단체는 미 연방 세법상 비영리
단체로 등록되어 있어야 합니다. 그리고 R-1 비자를 초청할
재정 능력도 충분해야 합니다.

Q: R-1 비자의 체류 기간은 얼마나 됩니까?

A: R-1비자는 30개월까지 승인되며, 30개월을 더 연장할 수
있습니다. 따라서 총 5년간 체류할 수 있습니다.

Q: R-1 비자 소유자는 초청 종교 단체 외에 다른 곳에서도 일
할 수 있습니까?

A: 안 됩니다. 반드시 초청한 종교 단체에서 취업해야 합니다.

Q: R-1 비자의 동반 가족은 취업이 가능합니까?

A: 안 됩니다. R-1 비자의 동반 가족은 R-2 비자를 받으며, 취업은 할 수 없습니다.

Q: R-1 비자가 매우 까다로워졌다는 소문이 있는데, 맞는지요?

A: 예, 맞습니다. 종교 비자나 종교 이민을 악용하는 것을 방지하기 위해 이민국에서는 서류 심사를 강화하고 신청한 종교 단체를 직접 방문하여 실사를 하고 있습니다.

Q: R-1 비자의 신청 방법은 어떻게 됩니까?

A: 예전에는 미 대사관에서도 직접 신청이 가능했으나, 지금은 반드시 미 이민국의 승인을 받아야 하며, 다음과 같은 서류가 필요합니다.

- I-129 단기 취업 신청서
- 종교 단체의 세금 면제 증명서(tax exempt certificate)
- 종교 단체의 재정 증명서
- 신청자의 학위 증명서
- 신청자의 경력 증명서
- 신청자의 회원 등록 증명서
- 이민국 수수료

갑순이는 미국에서 감리교 교단 신학교에서 신학 석사를 받았습니다. 신학교를 졸업한 후 한 감리교회에서 전도사로 초빙을 받게 되었습니다. 갑순이는 감리교신학대학을 다니면서 학교 근처 감리교회의 회원이었고, 또한 감리교대학의 채플 회원이었습니다. 그리고 신학 공부를 하여 전도사의 자격을 갖추었습니다. 그래서 교회 책임자는 미 이민국을 통해 갑순이의 F-1 비자를 R-1 비자로 변경할 수 있었고, 그녀는 교회에서 근무할 수 있게 되었습니다.

필자는 교회 관계자뿐만 아니라 불교의 스님, 가톨릭의 신부와 수녀님 등 다양한 종교 단체를 위해서 R-1 비자를 신청한 경험이 있습니다.

한번은 불교의 스님을 신청하는데, 결혼하여 가족이 있는 것이었습니다. 필자는 스님은 전부 혼자 사는 줄 알았는데, 어떤 불교 종파의 스님은 결혼을 허락한다는 것을 알고 매우 놀라기도 했습니다. 또한 어떤 기독교 종파는 결혼을 허용하는데도 신부님이라고 부르는 것을 보고, 종파의 다양함을 실감할 수 있었습니다.

법 상식 : 종교 관계자의 조건

종교 관련자 중 안수를 받은 성직자는 R-1 비자를 받기가 훨씬 용이합니다. 전문 종사자나 비전문 종사자의 경우에는 과연 종교 단체에서 풀타임으로 근무할 수 있는지의 여부가 중요합니다. 따라서 교회의 규모나 성도의 숫자, 그리고 교회의 재정 등이 중요한 변수가 됩니다.

📝 어드바이스 : 종교 단체 변경 시 주의 사항

R-1 비자로 교회에 근무하던 중 다른 교회로 바꾸는 경우가 간혹 생깁니다. 그럴 경우, 교회가 바뀌기 전에 이민국에 R-1 비자 변경 조치를 해야 하는데, 그것을 제대로 하지 못해 불법 체류가 되는 어처구니없는 일이 생기기도 합니다. R-1 비자를 이미 받았다고 하여 다른 교회로 먼저 가서 근무하는 것은 금물입니다.

교회를 바꿀 때는, 교회를 옮기기 전에 먼저 새로운 교회로 R-1 비자 신청을 하고, 이민국으로부터 최종 승인이 난 뒤부터 정식으로 새 교회에서 R-1 비자로 근무할 수 있습니다. 간혹 교회 변경은 예상하지 않은 때에 발생하기도 하나, 항상 이민국에 미리 새 교회로 서류를 접수하여 이민법상 불이익을 당하지 않도록 해야겠습니다.

III

이민 비자

Immigrant Visas

전종준 변호사의 미국 비자, 미국 이민
-학생 비자를 중심으로 미국 이민법 쉽게 알기-

1. F-1에서 DV(다양화 추첨 이민 비자)로

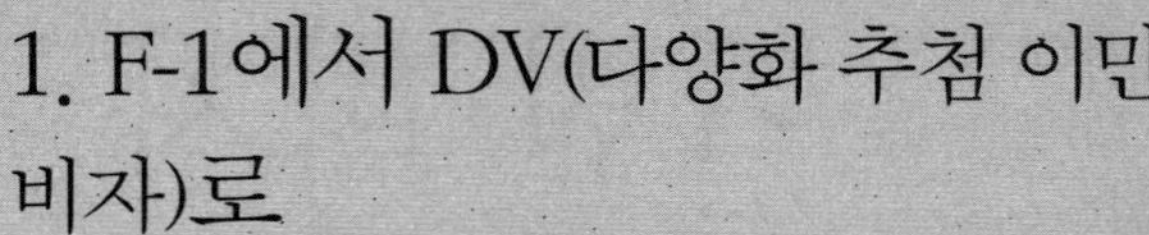

다양화 추첨 이민 비자(diversity visa lottery program: DV)는 지난 5년 안에 미국으로 이민 온 사람들이 5만 명 미만인 국가에 할당되는 이민 비자입니다. 다양화 추첨 이민에 해당 국가는 약 185개국이며, 매년 최대 5만 5천 개의 이민 비자가 주어집니다. 각 지역당 쿼터가 정해지며, 한 국가가 전체 DV 쿼터의 7% 이상을 받을 수는 없습니다. 남한은 DV를 신청할 수 없는 국가이나 북한 출생자는 추첨에 당첨되면 영주권을 받을 수 있습니다.

Q & A

Q: DV는 누가 신청할 수 있습니까?
A: 국무부에서 지정한 다양화 추첨 이민 국가에서 출생해야 합니다.

Q: 배우자도 신청할 수 있습니까?
A: 예, 본인뿐만 아니라 배우자도 DV를 신청할 수 있습니다. 또한 국제 결혼을 한 경우, 본인은 DV를 신청할 자격이 되지 않으나, 일본인 배우자가 DV를 신청할 자격이 되면 배우자를 주체로 하여 자격 미달의 본인도 DV를 신청할 수 있습니다. 부부의 경우 한 사람당 1장의 신청서만 접수할 수 있습니다.

Q: 부모가 다양화 추첨 이민 국가에 출생한 경우도 가능합니까?
A: 예, 그렇습니다.

Q: DV 신청서에 자녀들도 포함될 수 있습니까?

A: 한 장의 신청서에 본인과 배우자, 그리고 21세 미만의 자녀
들(합법적인 입양 자녀들도 포함)이 포함될 수 있으며, DV 추첨
에 당선되면 신청자 전원이 영주권을 취득할 수 있습니다.
하지만 자녀들이 이미 미국 영주권이나 시민권을 가지고 있
을 경우, DV 신청서에 자녀들을 포함시키지 않아도 됩니다.

Q: DV 신청 자격은 무엇입니까?

A: 신청자는 최소한 고등학교 졸업장, 혹은 2년 이상 숙련공
경력이 있어야 합니다.

Q: DV 신청 서류를 작성할 때 특별히 주의해야 할 점은 무엇
입니까?

A: DV 신청서에 포함된 모든 사람들은 가장 최근의 사진을 1
장씩 제출해야 되는데, 제출하는 사진에는 엄격한 제한이
있습니다. 많은 DV 신청자들이 추첨 전에 이 사진 심사에서
탈락하는데, 인터넷 웹사이트의 사진에 대한 제한 사항들을
철저히 참고하시기 바랍니다. 또한 사진을 JPEG파일로 만
들 때 규격에 제한이 있으니 주의해야 합니다.

Q: DV 신청 서류를 대신 작성해 주면서 돈을 요구하는 인터
넷 웹사이트들이 있는데, 믿을 수 있는 웹사이트들인가요?

A: 미 정부의 공식 사이트들인 것처럼 꾸민 사기성 웹사이트

(fraudulent websites posing as official U.S. government sites)들이 많은데 주의하시길 바라며, DV 신청서의 작성은 기본적으로 무료이고 수수료는 없습니다.

Q: DV 신청 시기는 언제입니까?

A: 매년 8월에 신청 방법이 공포되어 10월 2일부터 12월 1일 사이에 신청합니다.

Q: DV 신청은 어떻게 합니까?

A: http://www.dvlottery.state.gov/로 들어가서 DS-5501 전자 다양화 비자 신청서를 온라인으로 접수하면 됩니다.

Q: DV 추첨 결과는 언제 통보합니까?

A: 매년 5월에서 7월 사이에 추첨 당선자에게만 우편으로 결과를 알려줍니다. 또한 DV 신청서를 제출한 뒤 받는 확정 번호(confirmation number)를 가지고 인터넷 웹사이트(http://www.dvlottery.state.gov/ESC/)에서 자신의 DV 신청서 당선 여부를 직접 확인해 볼 수도 있습니다. 추첨에 당선되어도 연락이 되지 않는 당선자들이 많기 때문에 최대 5만 5천 개의 DV 쿼터보다 많은 수의 당선자를 뽑으므로, 당선됐다는 연락이 오면 바로 담당자에게 연락을 취해야 합니다. 정해진 DV 쿼터가 빨리 채워지면 당선이 무효가 되는 경우도 흔하기 때문에 신속한 대응이 필수적입니다.

DV 2009 당선 결과(최다 당선국 상위 12개국과 일본의 비교)

국가 당선	인원 수
가나(Ghana)	7,322
나이지리아(Nigeria)	6,041
방글라데시(Bangladesh)	6,023
에디오피아(Ethiopia)	5,200
케냐(Kenya)	4,307
카메룬(Cameroon)	3,659
알바니아(Albania)	2,894
시에라리온(Sierra Leone)	2,230
알제리(Algeria)	2,205
독일(Germany)	1,973
네팔(Nepal)	1,891
콩고(Congo)	1,582
일본(Japan)	320

Q: 추첨에 당선되면 그 다음 단계는 무엇입니까?

A: 만약2009년에 접수하여, 2010년에 결과가 나오면, 2011년 10월 1일부터 영주권 신청이 가능합니다. 영주권을 신청하면 우선 신청자의 신원 조회를 미 국토 보안국(Department of Homeland Security)에서 시작하고 범죄 기록 여부도 함께 조사받습니다. 범죄 기록이나 신분상의 문제가 있을 경우 당선이 취소됩니다.

Q: DV 신청 시 주의사항은 무엇입니까?

A: 1년에 한 번, 한 사람당 한 번만 등록하고, 사진 등록도 해

야 합니다. 그리고 등록 후, 확인 페이지를 프린트하거나 확
인 번호를 적어 두어야 합니다. 추첨되지 않았을 경우에는
다음 해에 다시 시도할 수 있습니다.

2. 취업 이민

1) F-1에서 EB-1(취업 이민 1순위)로

특수한 능력 소유자

⋮

저명한 교수 및 연구원

⋮

다국적 기업 중역 및 매니저

⋮

EB-I 신청 방법

⋮

F-1에서 EB-1로 변경 가능

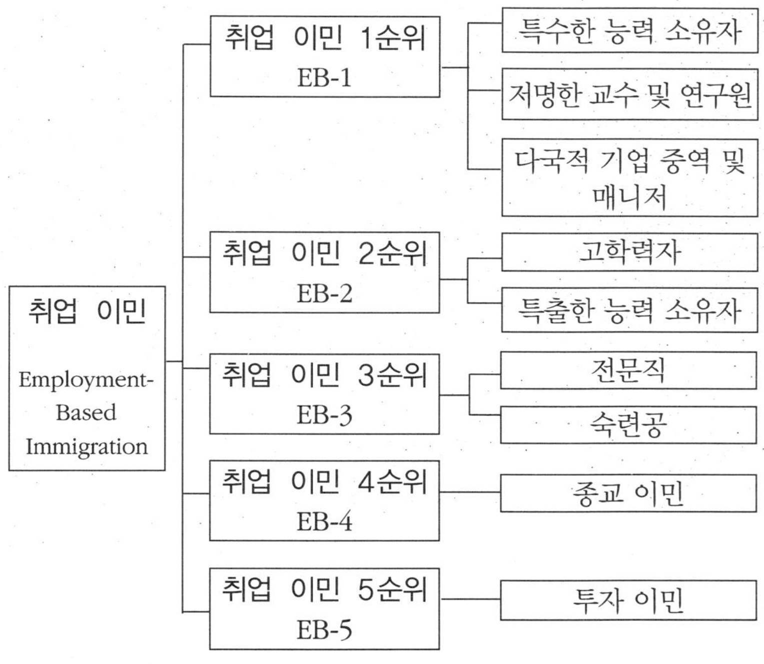

취업 이민 1순위(Employment-Based Immigration: EB-1)에 해당되는 사람을 우선 취업인(priority workers)이라고 합니다. 우선 취업인의 자격 조건은 엄격한 편이나, 조건만 갖춘다면 이민 신청 서류가 신속하게 처리되어 빠른 시간 내에 영주권을 받을 수 있는 장점이 있습니다. 취업 이민 1순위는 특수한 능력 소유자, 저명한 교수 및 연구원, 그리고 다국적 기업 중역 및 매니저로 나누어집니다. F-1 비자 소유자가 EB-1의 자격을 갖추면, 미국 내에서 영주권을 받을 수도 있습니다. 한국에 있을 경우에는 한국에서 이민 비자를 받고 입국이 가능합니다.

Q & A

Q: 특수한 능력 소유자는 어떤 자인가요?

A: 특수한 능력 소유자(persons with extraordinary ability)는 과학, 예술, 교육, 경영 및 체육 분야에서 국내적 혹은 국제적인 명성을 가진 사람을 뜻합니다. 그리고 미국 입국 후에도 계속 같은 분야에 종사해야 하고, 미국 사회에 상당히 기여할 수 있는 자입니다.

Q: 특수한 능력 소유자로 신청할 경우 고용주가 있어야 합니까?

A: 고용주는 필요없고, 본인이 혼자 신청(self-petition)할 수 있습니다.

Q: 특수한 능력 소유자는 취업 이민 청원서를 제출하기 전에 노동국으로부터 노동 증명서를 먼저 받아야 합니까?

A: 아닙니다. 특수한 능력 소유자는 노동 증명서(labor certification)를 받을 필요가 없습니다.

Q: 특수한 능력 소유자는 어떻게 증명합니까?

A: 신청자는 노벨상과 같은 국제적인 수상 경력이 있으면 가능합니다. 만약 그런 수상 경력이 없으면 다음 사항 중에 3가지를 증명하면 됩니다.

- 국내 혹은 국제적인 입상이나 수상

- 국제적인 전공 분야의 전문인 협회의 회원증(membership)
- 주요 언론 기관이 다룬 신청자에 대한 업적 치하의 글
- 심사위원 참여 기록
- 전문 분야에서 독창적이고 중대한 기여
- 전문 학술지에 기고한 글
- 예술 전시회
- 유명한 단체에서의 주연
- 월등히 높은 월급
- 공연 예술의 상업적 성공

Q: 저명한 교수 및 연구원은 어떤 자인가요?

A: 저명한 교수 및 연구원은 전문 분야에 국제적인 명성을 지니고, 또한 학구적인 분야에서 3년간 교수직이나 연구직의 경험이 있는 사람입니다.

Q: 저명한 교수 및 연구원이 영주권을 신청하려면 어떤 곳으로 할 수 있습니까?

A: 대학과 같은 교육 기관으로부터 임기제 교수직(tenure position)이나 임기제 후보 교수직(tenure track)으로 취업할 경우 신청할 수 있습니다. 최소한 3명 이상의 풀타임 연구직 자리를 갖고 있는 기업체 연구 기관을 통한 취업 신청도 가능합니다.

Q: 저명한 교수 및 연구원으로 신청할 경우, 고용주가 있어야
   합니까?
A: 예, 반드시 고용주의 취업 스폰서가 있어야 합니다.

Q: 저명한 교수 및 연구원은 노동 증명서를 받아야 합니까?
A: 아닙니다. 노동 증명서를 받을 필요가 없습니다.

Q: 저명한 교수 및 연구원은 어떻게 증명합니까?
A: 다음 사항 중 2가지를 증명하면 됩니다.

- 특별한 업적에 대한 중요한 입상이나 수상 경력
- 특별한 업적을 요구하는 협회의 회원증
- 신청자의 업적에 대한 제3자의 전문지 기고의 글
- 심사위원 참여 기록
- 창조적인 과학적 연구 증명
- 전문지의 기고나 학구적인 저서

Q: 다국적 기업의 중역 및 매니저는 어떤 자입니까?
A: EB-1 신청 전 3년 기간 중 적어도 1년 이상 지속적으로 고
   용주와 중역이나 매니저로서 고용 관계가 있는 사람입니다.
   미국 지사로 파견될 자나 이미 파견된 중역이나 매니저가
   미국 지사에서 계속 근무하고자 할 경우 EB-1 신청이 가능
   합니다.

Q: 다국적 기업의 중역 및 매니저로 신청할 경우 고용주가 있어야 합니까?

A: 예, 그렇습니다.

Q: 다국적 기업의 중역 및 매니저는 노동 증명서를 받아야 합니까?

A: 아닙니다.

Q: 다국적 기업의 중역 및 매니저는 어떻게 증명합니까?

A: L-1A 비자의 중역이나 매니저의 의무와 자격 조건과 유사합니다.

Q: EB-1은 어떻게 신청합니까?

A: 먼저 I-140 이민 청원서와 EB-I 해당 사항에 관한 증명 서류를 첨부하여 이민국에 접수합니다. I-140이 승인되면, 미국 내에서 I-485(신분 변경 신청서)를 통해 영주권을 신청할 수 있습니다. 만약 한국에 체류하고 있을 경우, I-140 승인 후 한국의 미 대사관에서 이민 비자를 받고 입국할 수 있습니다.

Q: EB-1 신청 시 영주권 인터뷰를 합니까?

A: 미국 내에서 I-485를 접수했을 경우, 특별한 사유가 없는 한 이민국의 인터뷰가 없이 영주권 발급이 가능합니다. 그

러나 미 대사관에서 이민 비자 신청을 할 때는 인터뷰를 하
게 됩니다.

 ### 체험담 : EB-1을 통한 영주권 신청과 결혼

갑돌이는 버지니아 주의 한 음악대학에서 피아노를 전공하는
대학 3학년 학생입니다. 피아노에 천재적인 재능을 가지고 있는
갑돌이는 유럽의 국제적인 콩쿠르 대회에 참가해서 입상을 두 번
했습니다. 아직 대학도 졸업하지 않은 갑돌이는 특수한 능력 소유
자로 EB-1 영주권 신청을 했습니다. 고용주가 필요 없기 때문에
이민국에 갑돌이의 자격을 증명하는 모든 관련 서류를 제출하였
습니다.

하지만 접수 후 이민국에서는 갑돌이에게 특수한 능력 소유자
를 증명할 수 있는 보충 서류를 아주 까다롭게 요구했습니다. 그래
서 교수 추천서와 갑돌이의 천재적인 재능을 더욱 부각시키는 설
명서 및 증명 자료를 더 첨부하였습니다.

보충 서류를 이민국에 보낸 뒤 초조하게 기다리는 중에, 한국인
인 갑돌이는 일본인 여자친구 미사코를 데리고 와서 음악 학사 학
위를 받은 미사코의 비자 문제를 상담했습니다. 미사코가 음악 관
련 고용주를 찾으면 H-1B를 신청할 수 있다고 자문해 주었습니다.

그런데 예상 외로 갑돌이의 영주권이 인터뷰 없이 통과가 되었
습니다. 만약 갑돌이가 영주권 신청 중에 미사코와 결혼하여 I-485
신청을 같이 하였더라면 미사코도 같이 영주권을 받을 수 있었을

것입니다. 그러나 갑돌이가 이미 영주권을 받았기 때문에 지금 혼인 신고를 하면 갑돌이는 미사코를 영주권자의 배우자로 초청할 수 있으나, 몇 년 동안을 기다려야 합니다. 따라서 사랑과 신분 문제는 떨어지려야 떨어질 수 없는 사이가 아닌가 싶습니다.

법 상식 : EB-1과 O-1의 차이

EB-1의 특수한 능력 소유자로 영주권을 신청하는 사람이 O-1의 특기자 비자를 소지한다 하더라도 EB-I에 반드시 통과된다는 보장은 없습니다. 그 이유는 EB-1의 자격 요건이 O-1의 자격 요건보다 높기 때문입니다. 따라서 O-1 비자의 승인은 단지 EB-1 신청 시에 고려될 수 있을 뿐입니다. 저명한 교수 및 연구원의 경우, 최고 학위 과정 중의 교수나 연구원의 경력도 3년의 경력 안에 포함될 수 있습니다.

어드바이스 : 중소 규모의 다국적 기업의 EB-1 신청

다국적 기업의 중역 및 매니저로 신청할 경우, 비록 대기업체가 아니라 할지라도 회사의 국제적인 규모 및 거래 관계를 부각시키면 EB-1의 신청이 가능할 수 있습니다. 그리고 중역과 매니저의 차이점을 잘 파악하여 신청자의 직책과 의무를 명확히 해야 합니다. 따라서 EB-1 신청 전에 반드시 이민법 변호사와 상담하는 것이 중요합니다.

2) F-1에서 EB-2(취업 이민 2순위)로

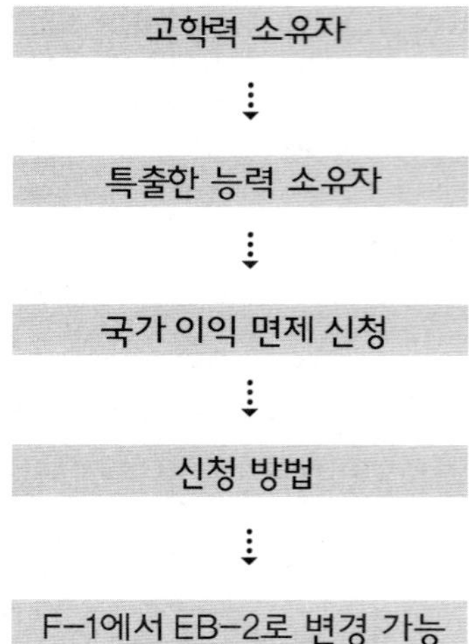

취업 이민 2순위(EB-2)는 고학력(advanced degrees) 소유자 및 과학, 예술, 그리고 경영 분야에 특출한 능력이 있는 자가 신청할 수 있습니다. EB-2도 영주권 문호 대기 기간이 없기 때문에, 1년 전후로 영주권을 받을 수 있습니다. F-1 비자 소유자가 EB-2에 해당될 경우 미국 내에서 영주권 신청이 가능합니다.

Q & A

Q: 고학력자는 어떤 사람입니까?

A: 고학력자(members of the professions holding advanced degrees)

란 석사 학위 이상의 학위를 소지한 사람을 말하며, 미국의
학위나 이와 동등한 외국의 학위도 인정됩니다.

Q: 학사 학위만 소지한 사람은 EB-2가 될 수 없습니까?
A: 학사 학위와 전문 분야에 5년 이상 경력이 있을 경우, 석사
학위로 간주하여 EB-2 신청을 할 수 있습니다.

Q: 고학력자로 신청할 경우, 고용주가 있어야 합니까?
A: 예, 고용주가 있어야 신청이 가능합니다.

Q: 고학력자는 이민 청원서를 제출하기 전에 노동국으로부터
노동 증명서를 먼저 받아야 합니까?
A: 예, 노동 증명서를 받아야 I-140(취업 이민 청원서)을 제출할
수 있습니다.

Q: 특출한 능력 소유자는 누구입니까?
A: 특출한 능력 소유자(aliens of exceptional ability)란 과학, 예
술, 혹은 경영 분야에 중요한 전문 지식이 있는 사람입니다.

Q: 예술의 범위는 어떤 것입니까?
A: EB-2에서의 예술은 체육인과 연예인을 포함합니다.

Q: 특출한 능력 소유자는 어떻게 증명합니까?

A: 다음 사항 중 3가지를 충족하면 됩니다.

- 특출한 능력을 나타내는 학위
- 전, 현직 고용주의 10년 이상 경력 증명서
- 전문 자격증
- 특출한 능력을 나타내는 높은 월급
- 전문인 단체의 회원증
- 전문 분야에서의 중대한 기여와 업적 인정
- 다른 동등한 증거들

Q: 국가 이익 면제란 무엇입니까?

A: 국가 이익 면제(national interest waiver)란 신청자가 상당히 공적인 분야(substantial merit)에 근무하고, 하는 일이 국가적인 규모(national in scope)로서, 미국의 국가 이익에 중대한 기여를 하는 사람이 영주권을 신청할 수 있는 것을 말합니다.

Q: 국가 이익 면제 신청 시 이민국에서 고려하는 사항들이 무엇이 있습니까?

A: 이민국에서는 다음의 7가지 요인을 고려합니다.

- 미국 경제의 향상
- 미국 노동자의 임금과 노동 조건의 향상

- 미국의 어린이와 실업자 교육과 프로그램 향상
- 건강 보건 향상
- 주택 공급 향상
- 미국 환경 향상과 천연자원의 생산적 이용 향상
- 정부 기관의 요청

Q: 국가 이익 면제로 신청할 경우, 고용주가 있어야 합니까?

A: 고용주가 필요 없고, 본인 혼자 신청이 가능합니다.

Q: 국가 이익 면제로 신청할 경우, 노동 증명서를 먼저 받아야 합니까?

A: 아닙니다. 노동 증명서 없이 곧바로 I-140(취업 이민 청원서)을 신청할 수 있습니다.

Q: EB-2는 어떻게 신청합니까?

A: EB-1과 신청 방법은 똑같습니다. 단지 고학력 소지자로 신청할 경우에 노동국에 노동 증명서 신청을 먼저 해야 합니다. 노동 증명서 승인을 받은 뒤 이민국에 I-140(이민 청원서)을 제출할 수 있습니다.

 **체험담 : 국가 이익 면제 사례**

갑순이는 컴퓨터 관련 계통으로 미국에서 박사 학위를 받았습니다. OPT 기간 중에 미 국방부 산하 연구 기관에서 전투기에 부

착하는 최첨단 컴퓨터 시스템을 만들고 있었습니다. 연구 기관에서는 갑순이의 아주 특별한 컴퓨터 기술을 인정하고, 영주권 신청을 스폰서 해 주었습니다. 필자는 갑순이를 국가 이익 면제 신청을 하여, 노동 증명서 없이 신속하게 I-140(이민 청원서)을 신청하였습니다.

갑순이의 박사 학위와 미국의 몇 개 안 되는 학교의 박사 과정에서만 갑순이의 전공을 공부할 수 있다는 것을 밝혔습니다. 그리고 미 연방 정부 기관의 추천서를 통해 갑순이의 기술이 특별한 것이고, 미국의 경제와 군사에 기여할 것임을 증명했습니다. 결국 갑순이는 무난히 영주권이 통과되었고, 자신의 일에 최선을 다하고 있습니다.

 **법 상식 : EB-2의 자격 요건**

EB-2 신청 시, 고학력 소유자임을 증명하고자 할 때 학사 학위와 5년 이상의 경력을 밝히면 됩니다. 여기에서 5년 이상의 경력이라 함은, 학사 학위를 마친 뒤 관련 전문 분야에서 얻은 경력이어야 합니다. 따라서 학사 학위 전의 경력이나 혹은 학사 학위를 하는 과정에서 얻은 경력은 인정되지 않습니다.

 **어드바이스 : 변호사는 2순위에 해당**

변호사는 EB-2의 고학력 소유자의 신분으로 영주권의 신청이

가능합니다. 그러나 로펌이나 변호사 사무실과 같은 고용주가 있어야 신청할 수 있습니다. 반면에, 고용주를 못 찾은 변호사가 EB-1으로 신청하기는 매우 힘듭니다. 그 이유는 변호사의 법 전공 분야는 EB-1의 과학이나 경영 등의 분야와 일치하지 않기 때문입니다. 따라서 전문 직종과 해당 분야에 따라서 취업 이민의 순위가 결정됩니다.

3) F-1에서 EB-3(취업 이민 3순위)로

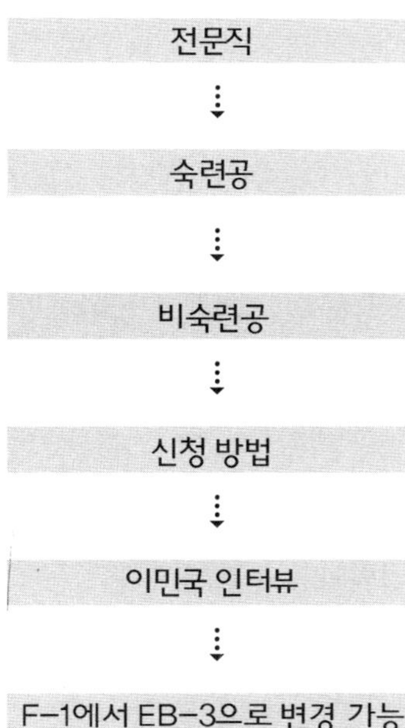

취업 이민 3순위(EB-3)는 전문직, 숙련공, 그리고 비숙련공으로 나뉩니다. EB-3는 상황에 따라서 대기 기간이 길어지기도 하고 빨

라지기도 합니다. 보통 3-5년의 대기 기간이 있고, 비숙련공의 경우는 7-9년 정도 걸립니다. F-1 비자 소유자가 EB-3 신청을 할 수는 있으나 EB-3 대기 기간을 고려하여 그 기간 동안 미국 내에서 합법적인 신분을 유지하는 것이 중요합니다. 그렇지 않을 경우에는 한국에서 신청하는 것이 바람직합니다.

Q & A

Q: 전문직은 어떤 직종입니까?

A: 전문직은 최소한 학사 학위를 요구하는 전문 직종입니다.

Q: 숙련공은 어떤 자입니까?

A: 2년 이상의 트레이닝이나 경력이 있는 자를 뜻합니다. 자동차 기술자나 목수 등의 숙련공이 있습니다.

Q: 비숙련공은 어떤 자입니까?

A: 2년 미만의 트레이닝이나 경력이 있는 자입니다.

Q: 비숙련공은 대체로 어떤 사람이 신청합니까?

A: 신청자가 학위나 2년 이상의 경력이 없을 때 신청합니다.

Q: 비숙련공의 직종에는 어떤 것들이 있습니까?

A: 비 숙련공이 특별한 기술을 요하지 않는, 소위 닭 가공공장,
   봉제공장, 청소회사, 가정 파출부 등의 단순 노동 직종들입
   니다.

Q: EB-3으로 신청할 경우, 고용주가 필요합니까?
A: 예, 그렇습니다.

Q: EB-3으로 신청할 경우, 노동국에 노동 증명서를 신청해야
   합니까?
A: 예, 그렇습니다.

Q: 노동 증명서는 취업을 할 수 있는 허가서입니까?
A: 아닙니다. 여기에 노동 증명서란 노동 허가가 아니고, 노동
   증명서(labor certification)를 의미합니다. 노동 증명서가 통과
   되어야 I-140(취업 이민 청원서)을 이민국에 제출할 수 있습니
   다. 따라서 노동 증명서는 I-140 취업 이민 청원서를 신청할
   수 있는 첫 번째 단계입니다.

Q: 노동 증명서는 어떻게 신청합니까?
A: 노동 증명서는 PERM(Program Electronic Review Management)
   이라는 온라인 시스템을 통해서 신청합니다.

Q: I-140 취업 이민 청원서는 무엇입니까?

A: 고용주의 세금 보고서를 토대로 재정 능력을 확인하여 적
   정 임금을 지불할 수 있는가를 확인하는 단계입니다. 만약
   회사의 재정 능력이 충분하면, I-140 승인서를 받을 수 있습
   니다.

Q: I-140 취업 이민 청원서가 통과되면 다음 단계는 무엇입
   니까?

A: 만약 신청인이 미국 내에 있을 경우, I-485 영주권 인터뷰
   신청을 할 수 있습니다. 단, 노동증 명서를 처음 접수한 날
   짜가 영주권 문호 순위가 되기 때문에, 대기 기간 중 비자
   문호가 개방되어야만 I-485 영주권 인터뷰 신청을 할 수 있
   습니다. 비자 문호는 매월 미 국무부에서 발표합니다. I-485
   를 접수할 수 있을 때 I-765 노동 허가증 신청과 I-131 해외
   여행 허가증을 신청할 수 있습니다.

Q: I-485가 계류 중에 고용주가 가게를 팔 경우에는 어떻게 됩
   니까?

A: 새로운 고용주가 원래 회사의 책임과 권리를 전부 인수하
   는 한, 전 회사에서 진행하던 취업 이민은 계속 진행될 수
   있습니다.

Q: 이민국의 인터뷰는 무엇을 질문합니까?

A: 취업 이민을 위한 이민국의 인터뷰는 먼저 본인의 신상과

범죄 기록 여부를 확인합니다. 그리고 현재 고용주의 회사
에 취업하고 있는가의 여부를 묻고, 그 증명 서류를 요구하
기도 합니다. 신청자가 취업하는 회사에서의 직책과 의무가
무엇인지 물어보고, 신청자의 경력 및 자격 조건에 대한 질
문을 합니다.

Q: 이민국의 인터뷰에서 통과되면 영주권은 언제 받습니까?
A: 이민국마다 절차가 조금씩 다른데, 일반적으로 인터뷰가
   통과되면 승인 통과서를 주고, 여권에 임시 도장을 찍어 줍
   니다. 영주권 카드는 약 1개월 전후에 집으로 배달됩니다.

**노 동 증 명 서
신 청 과 정**

주 노동부 적정 임금 결정
(Prevailing Wage Determination)

↓

고용주 온라인
등록 및 변호
사 사용자 계
정 설정
(Employer
Regisrtation)

광고 30일
(Recruitment)

↓

의무 유예 기간 30일
(Waiting Period)

↓

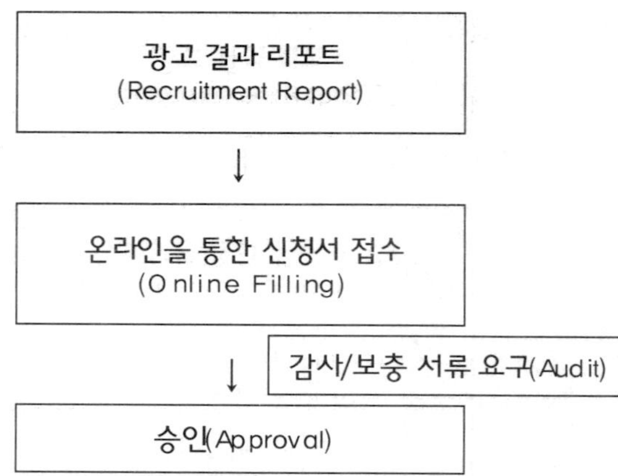

 **체험담 : 숙련공 신청이 더 유리**

갑돌이는 한국에서 한식 요리사로 3년간 일하던 중, 승진이 되어 그 식당 매니저로 5년간 근무한 경력이 있었습니다. 갑돌이는 영어 연수를 하고, 요리학을 공부하고자 학생 비자로 미국에 왔습니다. 어느 날 친구의 소개로 한국 식당을 방문하였는데, 식당 주인이 갑돌이의 경력을 보고, 기꺼이 취업 이민 스폰서를 해주겠다고 제의했습니다. 갑돌이가 한식 요리사 경력이 2년 이상이 있으니, 취업 이민을 숙련공으로 신청할 수도 있고, 식당 매니저로도 할 수 있었습니다.

그러나 최근에 노동국에서 요리사를 비숙련공 직책으로 변경하였습니다. 따라서 요리사 신청 시 2년 이상의 경력을 요구할 경우, PERM 신청 중에 감사가 나올 수 있습니다. 그 이유는 비숙련공 직종에 2년 이상의 경력을 요구하는 것은 무리한 요구이기 때문입니다. 이러한 감사를 극복하기 위해서는 요리사가 2년 이상 경력이 있어야 한다는 사업상 필요성(business necessity)을 증명해야 합니다. 그러나 한식 요리사를 스페셜티 요리사로 하면, 감사 없이 통과될 수도 있습니다.

감사가 나오면 소요 기간이 길어지기 때문에, 갑돌이는 숙련공 직책으로 더 신속하게 영주권이 진행될 수 있는 식당 매니저를 선택하여 안전하게 신청했습니다. 그 덕분에 갑돌이의 영주권이 빨리 나올 수 있었듯이, 처음에 노동 증명서를 신청할 때 신청자의 경력을 고려하여 신청하고자 하는 직책을 잘 선택해야 좋은 결과를 얻을 수 있습니다.

 **법 상식 : 체류 신분 유리의 중요성**

미국 내에서 불법 체류 신분이면, I-485 영주권 인터뷰 신청을 할 수 없습니다. 따라서 불법 체류 신분에 있는 자들은 이민 서류 미비자 구제안을 기다리고 있는 것입니다. 그러나 취업 이민 신청 시, 예외적으로, I-485를 접수하기 전 180일 안의 불법 체류는 인정해 줍니다. 따라서 I-485 접수 전까지 합법적인 신분을 유지하는 것이 매우 중요합니다.

취업이민의 첫 관문은 고용주 선정입니다. 고용주를 알선하고 소개하는 과정에서 각종 사기 및 이민 문제가 대두되기도 합니다. 따라서 믿을 수 있고 확실한 고용주의 선택이 제일 중요합니다. 일단 고용주가 선정되었다 하더라도, 고용주의 규모와 세금 보고서를 먼저 확인한 뒤 노동 증명서 신청을 하는 것이 좋습니다. 만약 고용주가 적정 임금을 지불할 능력이 없으면, 고용 능력이 없어서 고용주의 자격이 없게 됩니다. 따라서 취업 이민을 시작하기 전에 이민법 변호사의 자문을 얻는 것이 바람직합니다.

4)F-1에서 EB-4(취업 이민 4순위)로

같은 종파 2년 이상 경력

⋮

같은 종파 단체의 초청

⋮

영주권 취득 가능

⋮

EB-4 신청 방법

⋮

F-1에서 EB-4로 변경 가능

취업 이민 4순위(EB-4)로 성직자 및 종교 관련자는 종교 이민을 신청할 수 있습니다. 종교 이민은 크게 두 가지 범주로 나눕니다. 먼저 안수 받은 성직자이며, 다른 하나는 안수 받지 않은 일반 종교 관련자입니다. F-1 비자 소유자가 종교 이민에 해당될 경우 EB-4로 영주권 신청이 가능합니다. 또한 한국에 있는 종교 관련자도 종교 이민으로 초청할 수 있습니다.

Q & A

Q: EB-4의 종교 이민 초청 시 안수 받은 성직자와 그렇지 않은 전문 종사자나 비전문 종사자와는 어떤 차이가 있습니까?

A: 안수 받은 성직자의 경우에는 종교 이민의 문호가 개방되어 있으나, 그렇지 않은 종교 관련자는 문호에 제한이 있습니다. 종교 관련자의 종류와 정의는 R-1 비자의 정의와 비슷합니다.

Q: EB-4 신청자의 조건은 무엇입니까?

A: EB-4 종교 이민을 신청하기 위해서는 I-360 종교 이민 청원서를 접수해야 합니다. I-360은 신청하기 바로 전에 2년 이상 EB-4를 신청해 주는 교단의 회원이어야 하고, 2년의 경력이 있어야 합니다.

Q: 무보수로 자원 봉사한 기간도 2년 경력에 포함될 수 있습
니까?

A: 안 됩니다.

Q: EB-4를 신청하는 종교 단체의 조건은 무엇입니까?

A: R-1 비자를 신청 할때의 종교 단체와 같이, 비영리 단체로
등록되고 종교 단체의 세금 면제 증명서가 있어야 합니다.

 체험담 : 종교 관련자의 EB-4와 EB-2

갑돌이는 장로교 목사로서 미국에서 신학 석사 과정을 마쳤습
니다. 졸업 후 OPT로 일하고 있는 중에 한 장로교회에 부목사로
초빙이 되어 R-1 비자를 신청하였습니다. 그런데 종교 이민의 까
다로운 심사 때문에 R-1 비자의 최종승인이 1년 6개월이나 걸려서
통과되었습니다. 비록 OPT 기간이 끝났어도, R-1 비자 신청서가
이민국에 계류되어 있었기에, 갑돌이는 불법 신분이 되지 않았습
니다.

R-1비자 를 받은 지 얼마 되지 않아, 교회에서는 갑돌이에게 종
교 이민을 신청할 것을 권유하여, 필자를 찾아왔습니다. 필자는 갑
돌이의 경우, EB-4를 신청해 주는 교회에서 2년 이상 근무한 경력
이 없기 때문에 종교 이민은 힘들다고 말해 주었습니다. 그 이유는
R-1 비자 승인을 기다리는 동안의 수개월 공백 기간이 있었기 때
문입니다. 그래서 필자는 갑돌이가 미국에서 받은 석사 학위가 있

었으므로, 취업 이민 EB-2로 신청해 주었습니다. 갑돌이는 1년도 채 안 되어 영주권을 획득할 수 있었고, 지금도 교회에서 열심히 사역하고 있습니다. EB-4의 조건이 안 되어 그 대안으로 EB-2를 시도하여 성공한 좋은 사례가 되었습니다.

 **법 상식 : EB-4의 자격 요건**

안수받은 종교 관련자가 미국에서 F-1 비자로 종교 관련 공부를 할 경우, 미국에서 공부하는 기간을 종교 관련 경력으로 인정받을 수도 있습니다. 그러나, 최근에는 이민국에서 2년 경력을 요구하는 사례가 늘어나고 있는 추세입니다.

초청하고자 하는 종교 단체가 자체적으로 비영리 단체로 등록되지 않아 세금 면제서가 없는 경우에는 소속되어 있는 같은 교단의 종교 기관의 세금 면제서를 대신 제출해도 됩니다. 초청하는 종교 기관은 종교 관련자를 초청할 수 있는 재정적인 능력을 밝혀 주어야 합니다. 만약 재정적인 능력이 부족할 경우에는 같은 교단의 재정적인 지원을 약속하는 서류를 첨부해도 됩니다.

5) F-1에서 EB-5(투자 이민)로

100만 달러/50만 달러 투자

⋮

10명 고용 창출

$$\vdots$$

파일럿 프로그램

$$\vdots$$

조건부 영주권 신청

$$\vdots$$

정식 영주권 신청

$$\vdots$$

F-1에서 EB-5로 변경 가능

투자 이민(EB-5)은 많은 사람의 관심의 대상입니다. EB-5는 취업의 목적보다는 미국에서 오히려 취업 기회를 창조하는 데 특색이 있습니다. 미국 내에서 고용주를 찾을 수 없어 취업 이민을 신청하지 못하는 사람에게 EB-5는 또 다른 대안이 될 수 있습니다. 따라서 경제적 능력이 있고, EB-5에 대한 조건을 흡족시킬 수 있는 사람에게는 매우 매력적인 옵션입니다.

F-1 비자 소유자가 EB-5 조건을 갖추면 미국 내에서 영주권을 받을 수 있습니다. 한국에서 미국으로 투자하여 EB-5 서류 진행을 끝내면 미국 입국이 가능합니다.

Q & A

Q: EB-5의 투자 액수는 얼마입니까?

A: 100만 달러이며, 도시 지역이 아닌 지방 도시나 실업률이
전국 평균보다 150% 이상으로 지정된 지역(targeted employ-
ment area)은 50만 달러만 투자해도 됩니다.

Q: 50만 달러 투자 지역의 조건은 무엇이고, 어떻게 증명합
니까?

A: 인구 2만 명 내외의 지방 도시, 혹은 실업률이 전국 실업률
의 150% 이상인 지역입니다. 주 정부의 통계 자료나 주 정
부의 실업률 증명 서류를 준비하면 됩니다.

Q: EB-5 신청 시 10명 이상의 고용 창출이 되어야 합니까?

A: 예, 최소한 10명 이상의 미 시민권자나 영주권자를 고용해
야 합니다.

Q: 10명 고용 창출 중에 신청인의 배우자나 자녀도 포함될 수
있습니까?

A: 안 됩니다.

Q: 파일럿 프로그램은 무엇입니까?

A: 이민국의 파일럿 프로그램(pilot program)에서 지정한 경제

특구 지역에 100만 또는 50만 달러를 투자하여 EB-5를 신청하는 프로그램으로서, 간접 고용 창출로 영주권 취득이 용이한 장점이 있습니다.

Q: EB-5 신청은 어떻게 합니까?
A: 투자 조건이 충족되면, 이민국에 I-526(투자 이민 청원서)과 함께 투자 관련 서류를 제출합니다.

Q: EB-5로 받는 영주권은 어떤 영주권입니까?
A: 2년 동안 유효한 조건부 영주권입니다. EB-5를 신청할 때, 조건부 영주권을 발행하는 이유는 투자를 명목으로 이민을 오려는 자를 막기 위한 것입니다.

Q: 조건부 영주권은 언제 갱신합니까?
A: 2년의 조건부 영주권이 만료되기 90일 전에 정식 영주권을 신청할 수 있습니다.

Q: 정식 영주권 신청 조건과 방법은 무엇입니까?
A: 정식 영주권으로 갱신하기 위해서는 2년 안에 100만 달러, 또는 50만 달러의 투자와 10명 이상의 고용 창출이 된 증거 자료를 I-829(투자자 조건부 영주권 해제 청원서)와 함께 이민국에 제출하면 됩니다.

 ### 체험담 : 투자 이민 성공 사례

갑순이는 미국 현지 상황을 잘 모르기 때문에 버지니아 주에서 사업을 하는 친구 갑돌이와 동업하여 투자하기로 했습니다. 갑돌이는 미국 시민권자이고, 주유소 사업에 경험이 있는 고로, 갑순이와 갑돌이는 각각 100만 달러씩 내고, 토지를 구입하여 주유소를 지었습니다. 그리고 주유소에 필요한 직원도 고용하였습니다.

갑순이는 주유소로 투자한 것으로 무사히 조건부 영주권을 받았습니다. 주유소 사업은 계속 번창하였고, 2년이 되기 전에 100만 달러 투자 증거와 10명 이상의 고용 창출을 증명하는 서류를 이민국에 보내어 정식 영주권으로 갱신할 수 있었습니다.

 ### 법 상식 : 문제 있는 사업체로의 투자 이민

EB-5가 어려운 이유는 10명 고용 창출 조건 때문입니다. 그러나 예외가 있는데, "문제가 있는 사업체"(troubled business)일 경우에는 사업체에 있는 고용인만 유지해도 영주권을 받을 수 있습니다. 문제가 있는 사업체란, 사업체가 2년간 유지되었고, 또한 회사의 순자산 가치가 20% 하락한 사업체를 뜻합니다. 문제가 있는 사업체는 총괄적인 사업 계획서와 현 직원을 유지하고 있다는 증거를 밝히면 됩니다.

파일럿 프로그램이 비교적 간편하고, 돈만 투자하면 영주권을 받을 수 있는 것 같아서 인기가 많은 편입니다. 그러나 파일럿 프로그램을 신청하기 전에 그 프로그램은 언제부터 시작되었으며, 그 프로그램을 통해서 조건부 영주권이 아닌 정식 영주권을 받은 사람이 있는지를 먼저 확인해 보는 것이 좋습니다. 그 이유는 아무리 좋은 프로그램이라 할지라도 예측 불허의 경제 상황과 프로그램의 실적 등이 EB-5의 성패를 좌우할 수 있기 때문입니다. 투자는 언제나 위험을 동반하고 있다는 사실을 잊지 말아야겠습니다.

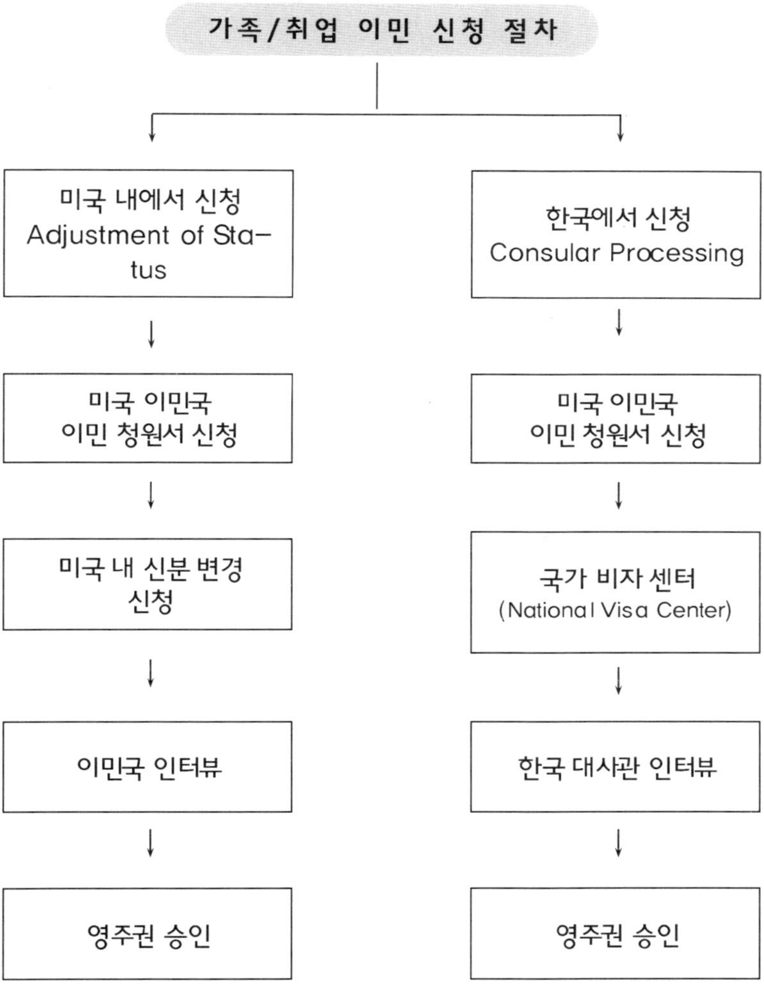

가족 / 취업 이민 신청 절차

미국 내에서 신청 Adjustment of Status	한국에서 신청 Consular Processing
↓	↓
미국 이민국 이민 청원서 신청	미국 이민국 이민 청원서 신청
↓	↓
미국 내 신분 변경 신청	국가 비자 센터 (National Visa Center)
↓	↓
이민국 인터뷰	한국 대사관 인터뷰
↓	↓
영주권 승인	영주권 승인

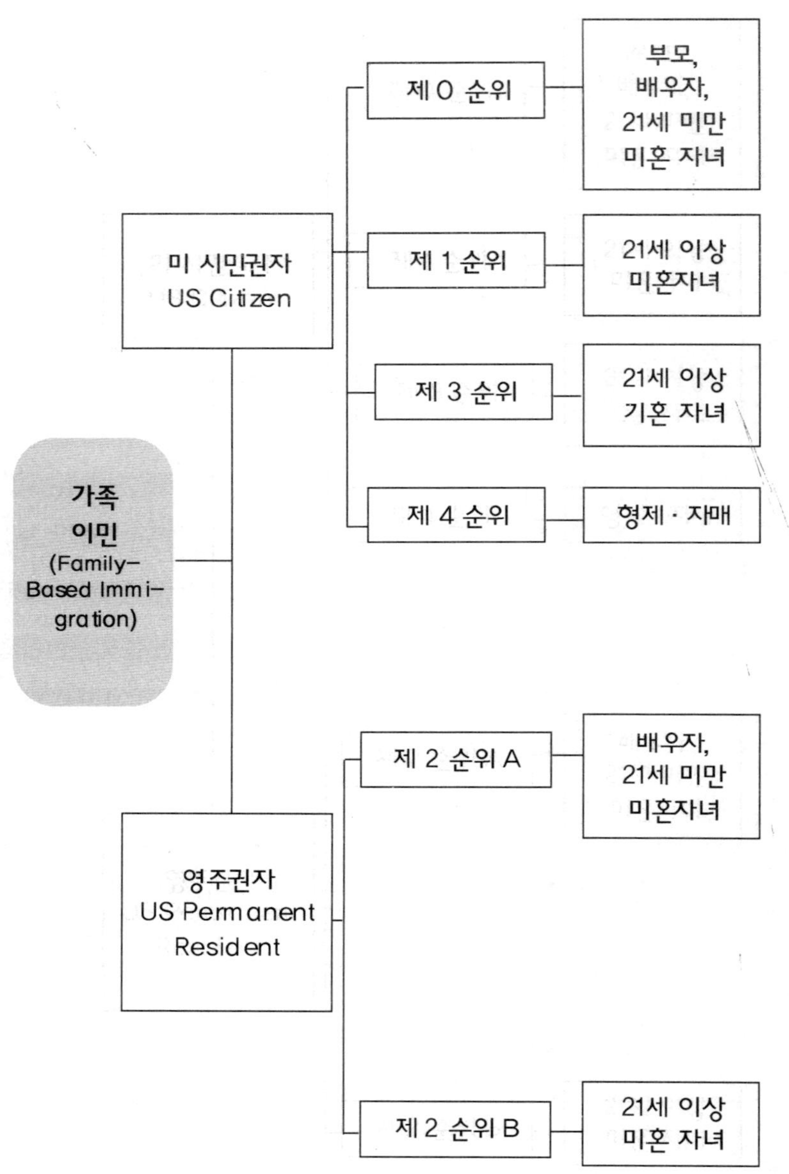
가족
이민
(Family-
Based Immi-
gration)
미 시민권자
US Citizen
제 0 순위
부모,
배우자,
21세 미만
미혼 자녀
제 1 순위
21세 이상
미혼자녀
제 3 순위
21세 이상
기혼 자녀
제 4 순위
형제 · 자매
영주권자
US Permanent
Resident
제 2 순위 A
배우자,
21세 미만
미혼자녀
제 2 순위 B
21세 이상
미혼 자녀

3. 가족 이민

1) 가족 이민의 범위

직계 가족 : 시민권자의 배우자, 부모, 21세 미만의 미혼 자녀

제1순위 : 시민권자의 21세 이상 미혼 자녀

제2순위 :
A-영주권자의 배우자 및 21세 미만의 미혼 자녀
B-영주권자의 21세 이상의 미혼 자녀

제3순위 : 시민권자의 기혼 자녀

⋮

신청 방법

결혼이나 가족의 초청으로 태평양을 사이에 두고 떨어져 있는 가족과의 만남이 가능합니다. 여기에서는 이민법상의 가족의 정의와 범위를 살펴보겠습니다.

Q & A

Q: 직계 가족은 누구입니까?

A: 직계 가족(immediate relatives)은 시민권자의 부모, 배우자, 그리고 21세 미만의 미혼 자녀입니다.

Q: 가족 이민의 제1순위는 누구입니까?

A: 시민권자의 21세 이상의 미혼 자녀입니다.

Q: 가족 이민의 제2순위는 누구입니까?

A: 영주권자의 배우자 및 21세 미만의 미혼 자녀는 제2순위 A 라고 하고, 영주권자의 21세 이상의 미혼 자녀는 제2순위 B 라고 합니다.

Q: 가족이민의 제3순위는 누구입니까?
A: 시민권자의 기혼 자녀입니다.

Q: 가족이민의 제4순위는 누구입니까?
A: 시민권자의 형제, 자매입니다.

Q: 배우자란 누구입니까?
A: 배우자란, 적법한 결혼이 이루어졌음을 입증해야 합니다. 한국에서 결혼을 하였을 경우, 한국법에 따라 혼인 신고를 하여 유효한 결혼임을 밝히면 됩니다. 만약 한국에서 미국 시민권자와 결혼할 경우에는 미 대사관에서 혼인신고를 할 수 있습니다. 또한 배우자를 초청할 당시, 결혼 상태가 계속 유지되고 있어야 합니다.

Q: 자녀란 누구입니까?
A: 자녀는 적출자(Legitimate Child)와 비적출자(Illegitimate Child)를 모두 포함합니다. 다만, 생부, 생모가 초청할 대상자가 자녀임을 증명하면 됩니다. 예를 들면, 결혼 증명서, 출생 증명서, 친자 확인 증명서, 증인 선서증 등으로 증명할 수 있습니다. 양자는 양자관계(Adoption)가 만 16세 전에 양자 판결로 이루어지고, 2년간 함께 거주한 자녀입니다. 의붓자녀(Step-Child)는 자녀가 만 18세가 되기 전에 부모의 결혼이 성립되어야 합니다. 고아(Orphans)의 경우, 고아임을 증명해야

하고, 시민권자만이 고아를 초청할 수 있습니다.

Q: 부모란 누구입니까?

A: 21세 이상의 시민권자는 부모를 초청할 수 있습니다. 부모의 정의는 자녀의 정의와 역관계입니다. 자녀가 초청할 대상자가 생부, 생모임을 증명하면 됩니다. 의붓 부모(Step-Parents)도 초청할 수 있는데, 단 의붓 부모의 결혼이 시민권자인 자녀가 18세 전에 이루어졌어야 합니다. 조부모(Grandparent)는 포함되지 않습니다.

Q: 형제 자매는 누구입니까?

A: 21세 이상의 시민권자는 같은 부모 밑에서 출생한 형제 자매를 초청할 수 있습니다. 생모가 같든지, 혹은 생부가 같으면 형제 자매로 인정됩니다. 형제 자매의 배우자 및 21세 미만 미혼 자녀도 함께 이민할 수 있습니다.

Q: 가족 이민의 쿼터 정원시스템(Quota System)은 무엇입니까?

A: 가족 이민 초청 수요가 많아 미리 할당된 인원(Quota) 을 넘길 경우, 쿼터가 풀릴 때까지 기다려야 합니다. 초청 이민의 우선순위 날짜는 이민 청원서를 접수한 날을 기준으로 합니다.

Q: 쿼터가 언제 풀리는지는 어떻게 알 수 있습니까?

A: 매달 중순경에 미 국무부에서 영주권 문호 순위를 발표하며, http://travel.state.gov/visabulletine.html으로 들어가 확인하시면 됩니다. 영주권 문호는 항상 유동적이기 때문에 매달 확인하시는 것이 중요합니다.

Q: 시민권자의 직계 가족은 대기 기간이 얼마나 됩니까?

A: 시민권자 직계 가족은 대기 기간이 없어서 6개월에서 1년 안에 영주권 취득이 가능합니다.

Q: 제1순위의 대기 기간은 얼마나 됩니까?

A: 6년 정도입니다.

Q: 제2순위의 대기 기간은 얼마나 됩니까?

A: 2순위 A는 4년이고, 2순위 B는 7년 정도입니다.

Q: 제3순위의 대기 기간은 어떻습니까?

A: 9년 정도입니다.

Q: 제4순위의 대기 기간은 얼마나 됩니까?

A: 약 11년 정도입니다. 이상의 대기 기간은 상황에 따라 변동이 될 수 있습니다.

Q: 가족 이민 신청은 어떻게 합니까?

A: I-130 가족 이민 청원서와 가족 관계 증명서, 재정 보증서, 그리고 수수료 등과 함께 이민국에 접수하시면 됩니다.

Q: 영주권은 어떻게 받습니까?

A: 이민국에서 청원서가 승인되었고, 순위가 풀렸을 경우에는 미국 내에서 영주권 인터뷰를 신청할 수 있습니다. 신청자가 한국에 있을 경우에는 이민국에서 국가 비자 센터(National Visa Center)에 이민 청원서 승인을 통보합니다. 그리고 국가 비자 센터에서는 한국 주재 미 대사관에서 이민 비자 인터뷰 신청을 맡아서 진행하도록 하고, 신청자는 이민 비자 수수료를 납부해야 합니다. 모든 절차가 끝나면, 미 대사관에서 인터뷰를 거친 뒤 이민 비자를 받고, 미국으로 입국할 수 있습니다.

2) 결혼에 의한 영주권 신청

혼인 신고

⋮

영주권 신청

⋮

이민국 인터뷰

⋮

가족 이민 중에서 결혼에 의한 영주권 신청 사례가 많습니다. 미국 내에서 시민권자나 영주권자와 결혼하는 경우와 한국 내에서 한국 주둔 미군이나 미국인과 결혼하는 경우가 있습니다. 시민권자와 결혼할 경우에는 시민권자의 직계 가족으로 빨리 영주권을 받을 수 있으나, 영주권자와 결혼할 경우에는 수년 동안 기다려야 영주권을 받을 수 있습니다.

F-1 학생 비자로 미국에서 공부하는 사람이 미국 시민권자 또는 영주권자와 결혼할 경우, 결혼에 의한 영주권 신청이 가능합니다.

Q & A

Q: 혼인 신고는 어떻게 합니까?

A: 미국 내에서는 법원에 가서 혼인 신고를 하면 됩니다. 한국에서는 한국 주재 미 대사관에 미 시민권자와 같이 가서 혼인 신고를 할 수 있습니다.

Q: 미 시민권자와 결혼하면 영주권 신청은 어떻게 합니까?

A: 만약 미국 내에 있을 경우에는 I-130 가족 이민 청원서와 I-

485 영주권 인터뷰 서류를 동시에 접수하여, 미 이민국 인터
뷰를 통해 영주권을 6개월에서 1년 안에 받을 수 있습니다.
만약 한국에 있을 경우, I-130 가족 이민 청원서를 이민국에
서 승인받은 후, 국가 비자 센터를 통해 한국 주재 미 대사
관에서 인터뷰하고, 이민 비자를 받을 수 있습니다. 소요 기
간은 1년에서 1년 6개월 정도입니다.

Q: 영주권을 신청할 때 재정 보증서를 제출해야 합니까?

A: 예, 가족 이민 신청의 경우 초청인은 피초청인을 위해서 I-
864 재정 보증서를 제출해야 합니다.

Q: 재정 보증은 반드시 초청자가 해야 합니까?

A: 아닙니다. 만약 초청자의 재정이 부족할 경우, 제3자가 대
신 재정 보증을 하면 됩니다.

Q: 재정 보증을 하면 무슨 책임이 따릅니까?

A: 재정 보증인은 피초청인이 미국 시민권자가 되거나, 10년
간 직장 경력을 쌓거나, 사망하거나, 혹은 미국을 영구적으
로 떠날 때까지 법적 책임을 집니다. 즉 피초청인이 식량 배
급 인지(food Stamp), 의료 보장제도(medicaid), 추가 보장 수
입(SSI) 및 빈민 가정을 위한 임시 원조(TANF) 등 공공 혜택
을 받을 경우, 변제해야 합니다.

Q: 변제할 필요가 없는 공공 혜택들은 어떤 것들이 있습니까?

A: 응급 의료 보장 제도나 학비 융자금, 교내 급식제, 아동 의료 보험 보조 프로그램, 출산 보조 프로그램, 그리고 에너지 보조 프로그램 등의 주 정부 또는 연방 정부 프로그램들입니다. 이러한 공공 혜택들은 영주권이나 시민권을 신청할 때 문제가 되지 않습니다.

Q: 이민국에서 인터뷰할 때 어떤 점에 유의해야 합니까?

A: 이민국 심사관은 결혼 관계가 사기 결혼이 아닌 합법적인 결혼인가를 확인합니다.

Q: 이민국 인터뷰 시 묻는 질문의 예는 무엇입니까?

A: 남편과 아내의 생일, 결혼 기념일, 그리고 시어머니 이름과 장모의 이름을 물어 봅니다. 또한 같이 사는 부부가 대답할 수 있는 질문들, 예를 들면 "오늘 아침 남편은 몇 시에 일어났습니까? 혹은 최근에 같이 본 영화는 무엇입니까? 어제 저녁은 무엇을 먹었습니까?" 등입니다.

Q: 인터뷰 시 어떤 증명 서류를 제출해야 합니까?

A: 부부로서 산다는 것을 증명하는 자녀 출생 증명서, 부부 세금 보고서, 집이나 아파트 계약서, 부부 공동 은행 계좌, 같은 주소의 운전 면허증, 그리고 사진 등입니다.

Q: 이민국 인터뷰 시 부부는 따로 질문합니까?

A: 보통 이민국 심사관은 부부를 같이 인터뷰하나, 의심이 있다고 판단될 경우에는 개별적으로 따로 질문하기도 합니다. 일단 사기 결혼이 의심이면 남편과 아내를 각각 격리된 방에 분리한 뒤 인터뷰한 후, 아주 사소한 질문까지 하는 경우도 있습니다. 예를 들면, 배우자의 신체적인 큰 흉터나 집안의 인테리어까지 묻는 경우도 있습니다. 만약 이러한 질문에 대한 답이 일치하지 않을 경우, 같이 동거하지 않는다고 판단하여 합법적인 결혼으로 인정하지 않을 수도 있습니다.

Q: 결혼으로 받는 영주권은 조건부 영주권이라고 하는데, 그 이유는 무엇입니까?

A: 결혼에 의해 영주권을 받은 사람은, 2년간 유효한 조건부 영주권을 받고, 후에 다시 정식 영주권으로 갱신해야 합니다. 그 이유는 결혼을 명목으로 영주권을 받는 사기 결혼을 막기 위한 1986년 이민 사기 결혼 수정안(Immigration Marriage Fraud Amendments of 1986) 때문입니다.

Q: 조건부 영주권은 언제 갱신합니까?

A: 조건부 영주권의 2년 유효 기간이 끝나기 90일 전부터 정식 영주권으로의 갱신 신청이 가능합니다.

Q: 만약 2년의 유효 기간을 넘겨서 신청하면 어떻게 됩니까?

A: 2년을 넘겨 신청할 경우에는 그에 상당한 이유(good cause)를 밝혀야만 합니다. 그렇지 않을 경우, 정식 영주권을 받지 못할 수 있습니다.

Q: 상당한 이유란 어떤 경우를 말합니까?

A: 병원에 입원한 사실이나 긴박한 사태 등 이민국으로부터 인정받을 수 있는 사유가 있어야 합니다. 따라서 조건부 영주권이 만기되기 90일 전이 되면, 지체없이 정식 영주권 갱신 신청을 하는 것이 바람직합니다.

Q: 조건부 영주권은 어떻게 갱신합니까?

A: 이민국에 I-751 조건부 해제 신청서와 함께 부부로서 같이 산 증거를 제출하면 됩니다.

Q: 만약 2년의 조건부 기간 안에 이혼하게 되면 어떻게 됩니까?

A: 조건부 영주권자는 단독으로 정식 영주권 신청을 할 수 있습니다. 그러기 위해서는 이혼 판결문(divorce Decree)을 제출하고, 결혼할 당시 합법적인 결혼이었음을 밝히는 본인의 진술서 및 증거 자료를 제출하면 됩니다.

Q: 만약 2년의 조건부 기간 안에 이혼을 하지 않고, 별거 중이면 어떻게 됩니까?

A: 배우자의 협조 없이 조건부 영주권자가 단독으로 정식 영
주권을 신청할 수 있습니다. 그러나 신청자가 미국을 떠나
게 됨으로써 겪게 될지 모르는 심각한 곤란을 증명해야 합
니다. 이 경우는 이혼이 된 케이스보다 입증 책임이 더 까다
롭다고 할 수 있습니다.

Q: 심각한 곤란은 어떻게 증명합니까?
A: 심각한 곤란이란, 미국에서 추방당함으로써 받게 되는 중
대한 어려움을 말하며, 예를 들면 새로 결혼한 배우자나 자
녀와의 관계에 미치는 심각한 영향, 신청자의 나이와 건강
상태, 그리고 추방되었을 때 경제적, 인적 교류의 차단으로
본국에서의 재적응이 몹시 어려운 점 등을 밝혀야 합니다.

Q: 배우자가 사망한 경우에는 어떻게 합니까?
A: 배우자가 사망했을 경우에는 만기일 90일 전까지 기다릴
필요 없이, 단독으로 정식 영주권을 신청할 수 있습니다. 그
러나 배우자가 사망하기 전까지 합법적인 결혼 생활을 유지
하였음을 밝혀야 합니다.

Q: 폭행 당한 배우자 및 어린이는 어떻게 신청합니까?
A: 조건부 영주권을 가진 사람이나 어린이가 폭행을 당했을
경우, 경찰서나 법원으로부터 진술서를 받아 단독으로 정식
영주권을 신청할 수 있습니다. 이 경우에 조건부 영주권을

가진 폭행당한 배우자는 이혼을 따로 신청할 필요가 없고, 폭행을 당했다는 증거 서류만 있으면 정식 영주권 신청을 할 수 있습니다.

Q: I-751을 신청하면 얼마나 걸립니까?

A: I-751을 이민국에 접수하면, 1년 동안 취업과 해외 여행이 가능한 접수증을 보내 줍니다. 서류 심사로 충분할 경우에는 약 1년이면 정식 영주권이 발급되나, 서류가 충분하지 않다고 판단되면, 이민국 인터뷰를 요구하여 인터뷰에 통과되어야만 정식 영주권을 받을 수 있습니다.

체험담 : F-1 비자를 가진 학생이 미국 시민권자인 학생과 결혼하는 경우

갑돌이는 F-1 학생 비자로 미국에서 공부하던 중 미국 시민권자인 갑순이와의 연애 끝에 결혼을 하게 되었습니다. 갑순이는 갑돌이를 시민권자의 직계 가족으로 영주권을 신청할 수 있었습니다. 그래서 I-130과 I-485 서류를 동시에 이민국에 접수할 수 있었습니다.

그러나 구비 서류 중의 하나인 재정 보증서에 문제가 생겼습니다. 갑순이도 학생이었기 때문에, 특별한 소득이 없어 갑돌이의 재정 보증인이 될 수 없었습니다. 그래서 갑순이의 부모님을 제3자 재정 보증인으로 하여 서류를 제출했습니다. 이민국에 서류 접수 후 한 달 만에 갑돌이는 지문 날인을 하였고, 3개월 만에 여행 허가서와 노동 허가증이 발급되었습니다. 갑돌이는 노동 허가증을 가지고 사회 보장 번호(Social Security Number)를 신청할 수 있었고, 그때부터 은행 계좌나 모든 서류를 부부 공동 명의로 바꾸었습니다.

약 6개월 뒤에 이민국 인터뷰가 나와서 갑돌이와 갑순이는 부부 증명 서류를 가지고 갔습니다. 이민국 시험관에게 언제, 어디서, 어떻게 만났냐는 질문에 사랑이 발전된 단계를 아주 조리 있게 잘 설명해 주었습니다. 갑돌이는 인터뷰에 무난히 통과되어 조건부 영주권을 받고 갑순이와 행복하게 살고 있습니다.

⚖ 법 상식 : 정식 영주권과 시민권의 신청

시민권자나 영주권자와 결혼한 사람이 영주권을 받기 2년 전부터 결혼 관계가 성립되었으면 조건부 영주권을 받지 않고, 처음부터 정식 영주권을 받게 됩니다. 시민권자와 결혼해서 영주권을 받은 사람은 영주권을 받은 날로부터 3년 후에 시민권 신청을 할 수 있습니다. 대부분의 영주권자는 영주권을 받은 뒤 5년 후에 시민권을 신청할 수 있습니다.

📄 어드바이스 : 가족 이민 신청과 재정 보증인

가족 초청 이민의 경우 최소한 총 가구 인원 수에 해당하는 연방 빈민 소득 수준의 125%소득이 있어야 합니다. 예를 들면, 시민권자가 배우자를 초청할 경우 2009년을 기준으로 할 때 2인 가족은 18,212달러의 연간 소득이 있거나, 혹은 부족한 경우 이 연방 표준 소득과의 차액을 보충할 만한 충분한 재산을 소유하고 있어야 합니다.

하지만 초청하는 대상이 현재 미군에 복무하는 사람의 배우자나 자녀일 경우에는 소득이 연방 빈민 소득의 100%만 있어도 되기 때문에, 수입이 더 낮아도 됩니다. 만약 소득이 충분하지 않을 경우에는 제3자의 재정 보증인을 세울 수 있는데, 이 경우에 제3자는 초청인과 함께 재정 보증에 대한 법적 의무를 공동으로 지게 됩니다. 예외적으로 미국 시민권자의 미망인과 폭행당한 배우자와 자녀는 재정 보증이 필요 없습니다. 따라서 가족 이민을 신청할 때는 재정 보증인의 재정 상태를 먼저 확인해야 합니다.

4. 입국 거절과 추방

1) 불법 체류 구제안

입국 거절과 추방의 차이

⋮

입국 거절 사유

⋮

추방 사유

⋮

면제 신청

입국 거절 사유(inadmissibility)는 미국 입국 시 합법적인 입국 절차를 받지 않은 경우에 적용됩니다. 반면에, 추방 사유(deportabili-

ty)는 불법적으로 밀입국하였거나 이민법에 의한 추방 사유가 발생
되었을 때 추방이 적용됩니다.

Q & A

Q: 입국 거절을 당하는 경우는 언제입니까?

A: 미국 대사관에서 비자가 거절당할 때, 미국 공항이나 국경
   통과 중 입국 거절을 당할 때, 혹은 미국 내에서 신분 변경
   을 통해 영주권을 신청하던 중 입국 거절 사유가 발견된 때
   등입니다.

Q: 입국 거절 사유는 무엇이 있습니까?

A: 정치적 이유, 경제적 이유, 건강상 이유, 형사상 이유, 그리
   고 이민법상 이유가 있습니다.

Q: 정치적인 이유는 무엇입니까?

A: 무정부주의자, 정부 타도주의자, 공산주의자, 나치주의자,
   테러주의자, 그리고 미 법무장관이나 미 영사가 판단하기에
   미국의 안보, 안전, 그리고 복지에 해가 된다고 인정되는 외
   국인은 정치적인 이유로 입국 거절을 당할 수 있습니다.

Q: 경제적인 이유는 무엇입니까?

A: 빈민, 방랑자는 입국 거절을 당할 수 있습니다. 그리고 취업 이민이나 가족 이민을 통한 이민 비자 신청자도 재정 보증이 확실하지 않을 경우, 비자 발급을 거부당할 수 있습니다.

Q: 건강상의 이유는 무엇입니까?

A: 임질, 결핵, 매독, 나병 등 공공의 위생을 해치는 위험한 질병 보유자는 입국 거절을 당할 수 있습니다.

Q: 형사상 이유는 무엇입니까?

A: 부도덕한 행위(moral turpitude)와 가중 흉악범죄(aggravated felony)를 범한 자는 입국 거절을 당할 수 있습니다.

Q: 부도덕한 행위는 어떤 행위입니까?

A: 부도덕한 행위는 주로 절도, 사기, 혹은 신체적 상해를 입힐 의도가 있는 범죄를 말합니다. 여기에는 살인, 가정 폭력, 성범죄, 그리고 마약 관련 범죄자가 포함됩니다.

Q: 부도덕한 행위를 범할 경우 입국 거절은 어떻게 됩니까?

A: 비이민 비자 소유자의 경우 미국 입국 후 5년 안에, 이민 비자 소유자의 경우 10년 안에 부도덕한 행위에 관련된 범죄를 범하고, 1년 이상의 형을 받으면 입국 거절이 됩니다. 만약 2회 이상의 부도덕한 행위를 저지르면 언제든지 입국 거

절이 됩니다.

Q: 가중 흉악 범죄란 무엇입니까?

A: 가중 흉악 범죄는 부도덕한 행위의 범죄와 중복되는 경우
가 많습니다. 폭력 범죄로 1년 실형을 받거나, 절도와 강도
등의 범죄로 1년 이상의 실형을 받으면 가중 흉악 범죄가 됩
니다.

Q: 이민법상 이유는 무엇입니까?

A: 미국 입국 시 이민 심사관이 외국인을 심문한 뒤 이민법 위
반에 대한 상당한 근거가 확보될 경우, 즉결 추방(expedited
removal)을 발동하여 공항에서 즉시 외국인을 본국으로 추
방할 수 있습니다.

Q: 입국 거절과 추방을 증명하기 위한 입증 책임은 누구에게
있습니까?

A: 입국 거절의 경우에는 외국인이 입증 책임이 있고, 추방의
경우 입증 책임은 정부에게 있습니다.

Q: 입국 거절에 대한 면제 신청은 가능합니까?

A: 미 법무부 장관의 재량으로 입국 거절에 대한 면제처분이 가
능합니다. 혹은 미국 시민권자나 영주권자의 배우자, 부모,
혹은 자녀가 극도의 어려움을 증명하면 면제가 가능합니다.

Q: 추방에 대한 면제 신청은 가능합니까?

A: 비이민 비자 소유자의 경우 10년 이상 거주하며 좋은 품성을 유지하고, 미 시민권자나 영주권의 배우자, 부모, 혹은 자녀에게 예외적으로 극도의 어려움을 증명해야 합니다. 이민 비자 소유자의 경우에는 5년 이상 영주권자로서 최소한 7년간 미국 내 거주한 자로서, 가중 흉악 범죄를 범하지 않았으면 추방 취소(cancellation of removal) 처분을 받을 수 있습니다.

 **체험담 : 범법자의 해외 여행 주의**

갑돌이는 영주권자로서 3년 전에 백화점에서 400달러짜리 물건을 훔치다가 잡혔습니다. 갑돌이는 법원에서 400달러에 해당하는 절도죄로 벌금을 내고, 11개월간 집행유예를 받았습니다. 어느 날, 갑돌이가 해외 방문을 하고 미국 공항에 입국하는데, 그의 범죄 기록이 공항 컴퓨터에 나타났습니다. 그래서 갑돌이는 공항 이민 심사관의 심문을 받고, 추방 법원으로 이송되어 추방 절차에 들어가게 되었습니다. 결국 갑돌이는 부도덕한 행위에 해당되어 영주권이 취소되고, 추방되고 말았습니다. 갑돌이에게는 면제 신청을 할 조건이 없었습니다.

갑돌이가 범죄를 저지르고 미국에서 생활할 때는 별 문제가 없었는데, 해외로 나간 뒤 재입국을 할 때는 입국 거절에 해당하기 때문에 영주권을 박탈당하게 되었습니다. 따라서 범죄 기록이 있는 사람은 반드시 출국 전에 입국 거절과 추방에 관한 자세한 차이점을 변호사와 상의하시기 바랍니다.

 **법 상식 : 부도덕한 행위의 예외 조항**

부도덕한 행위의 범죄 중 사소한 범죄(petty crime)나 소년범일 경우에는 예외가 있습니다. 한 번의 부도덕 행위로서 최고 1년 미만의 형을 언도하는 범죄에 해당하고 6개월 미만의 실제 형을 받았을 경우에는, 사소한 범죄의 예외가 될 수 있습니다. 소년범의 경우에는 18세 미만의 나이에 부도덕한 행위의 범죄를 범했고, 미국 입국 신청을 하기 전에 석방 후 5년이 경과되면 예외로 인정받을 수 있습니다.

어드바이스 : 미 시민권자는 추방 안 됨

미국 영주권자도 이제는 추방의 안전지대가 아닙니다. 자녀가 마약을 해서 추방되어, 부모와 자녀가 생이별을 하고 사는 가정도 있습니다. 따라서 청소년이나 학생 자녀를 두고 계신 부모님은 하루속히 자녀들을 위해서라도 미 시민권을 신청하시는 것이 좋습니다. 그 이유는 미 시민권자는 추방되지 않기 때문입니다.

주의할 것은, 범죄 기록이 있는 사람이 시민권 신청을 할 경우 추방당할 수도 있습니다. 따라서 범죄 기록이 있는 사람은 시민권 신청 전에 반드시 변호사의 자문을 받는 것이 좋습니다. 물론 가장 바람직한 것은 형사상 이유에 해당되지 않는 것입니다.

5. 시민권

1) 영주권과 시민권의 차이

정치적 차이

⋮

사회적 차이

⋮

경제적 차이

⋮

재입국 허가

취업 이민이나 가족 이민, 혹은 추첨 이민으로 영주권을 받은 자
는 미국 내에서 영구적으로 거주할 수 있습니다. 그러나 영주권자

의 권리와 의무는 시민권자의 권리와 의무와는 많은 차이가 있습니다. 상황에 따라서는 영주권만으로도 생활하는 데 별 불편을 느끼지 못하기도 하지만, 시민권자가 아니기 때문에 겪는 불이익도 무시할 수 없습니다. 여기에서는 영주권과 시민권의 차이를 분석하고 이해를 돕고자 합니다.

Q & A

Q: 영주권자도 투표할 수 있습니까?
A: 아니오, 할 수 없습니다. 투표는 반드시 시민권자만이 할 수 있습니다.

Q: 영주권자도 사회 보장 혜택을 받을 수 있습니까?
A: 시민권자는 사회 보장 혜택을 받을 수 있으나, 영주권자는 혜택이 제한되어 있습니다.

Q: 영주권자도 연방 정부의 공무원이 될 수 있습니까?
A: 아니오, 할 수 없습니다. 연방 정부 공무원 및 주 정부의 특정한 공무원은 반드시 시민권자여야 합니다.

Q: 시민권자가 되면 연방 정부 공무원이 될 수 있습니까?
A: 꼭 그런 것은 아닙니다. 국가 기밀을 다루는 특정직 공무원

일 경우에는 양 부모까지 시민권자여야 합니다.

Q: 영주권자의 신분은 영원한 것입니까?

A: 아닙니다. 영주권자는 추방 사유에 해당되면 신분을 잃게 됩니다. 그러나 시민권자의 신분은 그대로 남아 있습니다.

Q: 영주권자가 신분을 잃게 되는 또 다른 사유는 무엇이 있습니까?

A: 영주권자가 1년 이상 해외에 체류하면 영주권을 포기한 것으로 간주합니다.

Q: 시민권자가 해외에 1년 이상 나가도 시민권을 상실합니까?

A: 그렇지 않습니다. 시민권자는 해외에 오래 체류해도 시민권을 상실하지 않습니다.

Q: 영주권자가 1년 안에 미국에 입국하면 괜찮습니까?

A: 꼭 그렇지 않습니다. 비록 1년 안에 재입국을 한다고 하더라도, 해외에 집이 있고 직장이 있을 경우 영주권을 포기한 것으로 간주할 수도 있습니다.

Q: 영주권자의 해외 체류를 판단하는 기준은 무엇입니까?

A: 영주권자의 의도가 일시적인 방문인가가 중요합니다.

Q: 영주권자가 해외 장기 체류를 해야 할 경우, 영주권을 보호
하는 길이 있습니까?

A: 예, 있습니다. 미국을 떠나기 전에 재입국 허가를 신청하면
됩니다.

Q: 재입국 허가의 유효 기간은 얼마나 됩니까?

A: 재입국 허가는 2년간 유효합니다.

Q: 재입국 허가만 있으면 안심할 수 있습니까?

A: 꼭 그렇지 않습니다. 재입국 허가가 있다 할지라도, 미국 내
에 뿌리가 있는 객관적 증거를 많이 가지고 계시면 유리합
니다. 예를 들면 집, 직장, 세금 보고서, 클럽 회원증, 가족
연대 등입니다.

Q: 재입국 허가서는 연장이 가능합니까?

A: 예, 2년마다 약 3회 이상 연장도 가능합니다.

Q: 재입국 허가서가 있으면 2년 동안 미국 입국을 하지 않아
도 됩니까?

A: 가능하면 6개월, 혹은 1년에 한 번은 미국 방문을 하시면
좋습니다.

Q: 재입국 허가는 어디서 신청합니까?

A: 이민국에 신청하며, I-131 재입국 허가 신청서, 영주권 사본, 사유서, 사진 2장과 수수료 등을 제출하면 됩니다.

 **체험담 : 미국 체류 중 재입국 허가 신청해야**

갑돌이는 한국에서 사업차 영주권을 가지고 1년 이상 체류하였습니다. 1년 이상 체류하면 영주권이 말소된다는 말을 듣고, 서둘러서 재입국 허가를 신청하였습니다. 몇 개월 걸려서 재입국 허가가 나와서 그것을 가지고 갑돌이는 미국 재입국을 시도했습니다.

그런데 공항에서 이민국 심사관에게 재입국 허가를 미국 내에 있지 않을 때 신청한 사실이 발각되었습니다. 그래서 갑돌이는 1년 이상 해외에 체류하여 영주권을 포기한 것으로 간주되어 영주권이 박탈당하고 말았습니다. 그 이유는 재입국 허가를 신청할 때에는 반드시 영주권자가 미국 내에 있을 때 신청해야 하기 때문입니다. 법을 몰라서, 혹은 법을 어설프게 알 경우에 당하는 불이익은 간혹 치명적일 수도 있습니다.

 **법 상식 : 재입국 허가와 시민권 신청 문제**

재입국 허가를 받아서 해외에 체류한다고 해도, 그 기간은 시민권 신청할 때의 기간에 포함되지 않습니다. 시민권을 신청하려면 영주권 획득 후 5년 혹은 3년(시민권자와 결혼한 자)이 경과되어야 합

니다. 또한 시민권 신청 시 5년 중에 최소한 반인 2년 6개월을 미국 내 체류한 사실이 있어야 시민권 신청 자격이 주어집니다. 따라서 재입국 허가를 받고 나간다 할지라도 그 기간은 미국 거주 기간으로 인정받지 못합니다.

> **어드바이스 : 재입국 허가 신청 시 지문 날인해야**

새로운 규정에 의해 재입국 허가를 신청하면, 2-3주 안에 지문을 찍으라는 통보를 이민국으로부터 받게 됩니다. 만약 지문을 찍지 않을 경우, 재입국 허가 신청은 무효가 됩니다. 따라서 재입국 허가를 신청하고자 하는 자는 출국하기 최소한 한 달 전에는 신청서를 접수해야 합니다.

급한 상황이 있을 경우에는 지문 통지서의 지정된 날짜 전에 가서 찍을 수도 있습니다. 만약 지정된 날짜에 지문을 찍을 수 없으면 연기 신청을 할 수도 있습니다. 따라서 재입국 허가를 신청하기 전에 미리 출국 날짜를 고려하여 준비하는 것이 중요합니다.

2) 시민권 신청

미국 시민권자가 된다는 것은 미국 시민으로 귀화한다는 뜻입니다. 이젠 영주권자도 신분을 확실히 보장해 주는 것이 아니기 때문에 자녀들을 위해서라도 시민권을 신청하는 자가 늘어나고 있는 추세입니다. 더욱이 현행 영주권은 10년마다 다시 갱신해야 하는 불편함으로 인해 시민권을 선택하는 사람들도 있습니다. 그러나 아직도 한국에 정리되지 않은 인적, 물적 이유 때문에 시민권 신청을 주저하는 사람도 있습니다. 결국 각 개인의 사정에 따라서 시민권 신청 여부를 결정하는 것이 바람직합니다.

Q & A

Q: 시민권 신청을 위해서는 영주권을 받은 후 얼마 뒤에 할 수 있습니까?

A: 시민권을 신청하기 위해서는 영주권을 받은 날로부터 5년, 혹은 시민권자와 결혼하여 받은 영주권을 받은 날로부터 3년이 되면 신청할 수 있습니다.

Q: 5년이나 3년을 전부 미국 내에서 체류해야 합니까?

A: 아닙니다. 신청자는 최소한 5년의 반인 2년 6개월, 혹은 3년의 반인 1년 6개월만 미국 에서 체류하면 신청이 가능합니다.

Q: 시민권을 신청할 수 있는 연령은 어떻게 됩니까?

A: 만 18세가 되면 단독으로 신청할 수 있습니다.

Q: 만약 18세 미만의 자녀는 어떻게 시민권을 받을 수 있습
   니까?

A: 18세 미만의 자녀는 양 부모나 한쪽 부모가 시민권을 획득
   하면 자동으로 시민권자가 됩니다. 따라서 미국 여권 신청
   도 가능하고, 이민국을 통해 시민권증을 발급받을 수도 있
   습니다.

Q: 시민권 신청은 어떻게 합니까?

A: N-400 시민권 신청서와 영주권 사본, 사진 2장과 수수료를
   이민국에 접수하면 됩니다.

Q: 시민권을 신청할 때 정확하게 언제부터 신청할 수 있습니까?

A: 시민권 신청은 법정 거주 기간(5년 혹은 3년) 만료 3개월 전
   부터 신청할 수 있습니다. 따라서 3개월 전부터 미리 접수하
   면, 시민권 신청에 소요되는 시간을 줄일 수 있습니다.

Q: 시민권을 신청하기 전에 이사를 하면 어떻게 됩니까?

A: 시민권 신청 시 새 거주지에 최소한 3개월 이상 거주해야
   시민권을 신청할 수 있습니다.

Q: 시민권을 신청할 때 이름을 바꿀 수 있습니까?

A: 예, 시민권을 신청할 때 이름을 영어식으로 바꿀 수 있습
   니다.

Q: 시민권 신청 후 얼마 후에 인터뷰를 하게 됩니까?

A: 각 관할 이민국에 따라 다르지만, 보통 약 6개월에서 1년 뒤에 인터뷰를 하게 됩니다.

Q: 시민권 인터뷰 시에 무엇을 물어봅니까?

A: 미국의 역사와 정부 구조에 대한 100문제와 영어 구사력을 묻습니다.

Q: 시민권 예상 문제는 어디서 볼 수 있습니까?

A: http://www.usvis.gov/files/로 들어가서 Native Documents/100q.pdf로 가시면 찾을 수 있습니다.

Q: 시민권 인터뷰에서 떨어질 수도 있습니까?

A: 예, 지난 5년간 좋은 품성(good moral character)을 해치는 범죄 기록이 있을 경우 인터뷰가 거절될 수도 있습니다. 예를 들면 마약이나 도박, 부도덕한 특정 범죄 등에 해당될 경우입니다.

Q: 시민권 신청 시 이름 변경 신청을 하지 않았는데, 인터뷰 때 요구할 수 있습니까?

A: 예, 인터뷰를 할 때 시험관에게 이름을 변경하겠다고 하면, 이름을 변경할 수 있습니다.

Q: 만약 인터뷰 때에도 이름 변경을 하지 못했을 경우에는 어떻게 합니까?

A: 거주지 관할 법원에 이름 변경 신청을 따로 할 수 있습니다.

Q: 인터뷰 시 주의할 점은 무엇입니까?

A: 너무 떨거나 서두르지 말고, 시험관의 눈을 직시하고 차분하게 인터뷰에 임하면 됩니다.

Q: 언제 시민권자가 될 수 있습니까?

A: 시민권 인터뷰가 통과되면 선서 날짜를 보내 줍니다. 따라서 선서하고 시민권증을 받는 날이 시민권자가 되는 날입니다. 어떤 이민국에서는 인터뷰가 통과되면, 이민국에서 곧바로 선서하고 시민권증을 발급해 주기도 합니다.

Q: 시민권 선서식은 어디서 합니까?

A: 이름을 변경하는 사람들은 따로 법원에 가서 하게 됩니다. 그렇지 않은 사람들은 이민국이나 강당에서 단체로 하기도 합니다.

Q: 시민권 선서식에 지참해야 하는 것은 무엇입니까?

A: 영주권을 지참해야 하며, 그 이유는 시민권을 받을 때 영주권을 반납하기 때문입니다.

Q: 미국 여권은 언제 신청할 수 있습니까?

A: 시민권증이 있으면 언제든지 미국 여권을 신청할 수 있습니다.

Q: 미국 시민권자가 되면 어떤 혜택이 주어집니까?

A: 시민권증을 받는 날부터 미국 시민권자가 됨으로써 미국 시민권자의 직계 가족 및 다른 가족을 초청할 수 있는 혜택을 누리게 됩니다.

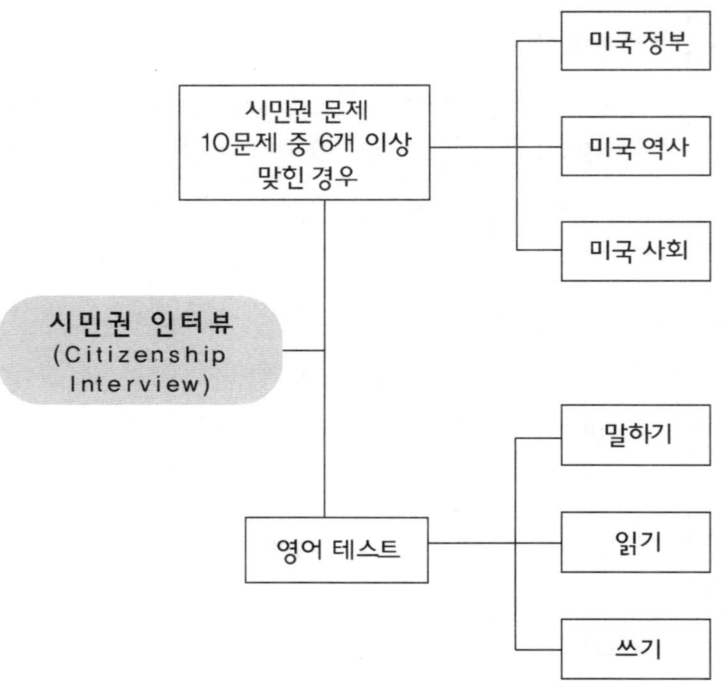

 **체험담 : 미국에서 출생한 자녀만 시민권자**

갑돌이는 F-1 비자 유학생으로 미국에서 아이를 낳았습니다. 아이는 미국에서 태어났기 때문에 출생 증명서가 시민권증과 같은 효력을 가지고 있습니다. 아이의 출생 증명서를 통해 미국 여권도 만들어 주었습니다. 그런데 몇 년 뒤에 갑돌이가 공부가 끝나 한국으로 돌아가려고 했는데, 자녀가 미국에서 너무 잘 적응하여 미국에서 같이 살고 싶은 생각도 들었습니다. 갑돌이의 자녀가 미국 시민권자이기 때문에 갑돌이 부부도 자녀를 키우기 위해서 미국에서 살 권리가 있다고 생각했습니다.

그러나 이민법은 그렇지 않습니다. 갑돌이의 자녀가 21세가 되면 부모를 초청할 수는 있으나, 그전에는 자녀 때문에 부모가 신분상 혜택을 받는 것은 없습니다. 갑돌이의 자녀는 시민권자이므로, 미국에 남아 있을 수는 있으나, 부모는 자녀를 놔두고 가든지, 아니면 데리고 가든지의 선택을 해야 하는 것입니다. 결국 갑돌이는 한국의 직장 때문에 할 수 없이 자녀를 데리고 한국으로 귀국하였습니다.

 **법 상식 : 한국어로 시민권 인터뷰를 할 수 있는 경우**

시민권 인터뷰를 할 때 영어가 부족하여 인터뷰에서 낙방하는 사례가 종종 있습니다. 그러나 예외 규정이 있습니다. 50세 이상이면서 20년 이상 영주권을 소지한 사람, 혹은 55세 이상이면서 15

년 이상 영주권을 소지한 사람은 영어 시험이 면제됩니다. 영어 시험 면제자는 통역관을 데리고 가서 인터뷰를 할 수 있습니다. 그러나 미국의 정부나 역사에 관한 공부는 반드시 해야 하고, 단지 신청자의 자국어로 인터뷰를 할 수 있다는 뜻입니다.

📝 어드바이스 : 병역 등록 의무

시민권을 신청하는 남자의 경우에는 병역 등록(selective service)을 해야 합니다. 미국에서는 18세에서 26세 사이의 남자는 반드시 병역 등록을 하도록 하는 제도가 있습니다. 만약 18세에서 26세 사이에 의도적으로 병역 등록을 하지 않은 자는 좋은 품성을 가지지 않은 자로 간주하여, 시민권 인터뷰에서 떨어질 수 있습니다. 만약 이런 경우에 해당된다면, 인터뷰 할 때 의도적으로 병역 등록을 기피한 것이 아니라는 진술서를 제출하면 가능합니다.

혹은 31세가 넘어서 시민권 신청을 할 경우, 아무 문제가 되지 않습니다. 병역 등록에 관한 정보는 http://www.sss.gov에 들어가서 확인하면 됩니다. 따라서 영주권자인 청소년 남자 자녀를 둔 부모들은 자녀들이 병역 등록을 제때 못하여 불이익을 당하는 일이 없도록 미리 준비하는 것이 바람직합니다.

IV

미국 생활 정보

Information on American Life

학생 비자를 받고 처음 미국에 입국하면 공항에서 입국 심사를 무사히 마치고, 공항을 벗어나 미국 땅에 발을 내딛는 순간부터, 미국 생활 정착을 위해 준비해야 할 사항들이 매우 많이 있습니다. 언어와 문화, 그리고 전반적인 사회 시스템의 차이로 인한 불편함을 해소하고 불이익을 방지하기 위해 미국 생활 정착 가이드를 순서대로 살펴보도록 하겠습니다.

전종준 변호사의 미국 비자, 미국 이민
–학생 비자를 중심으로 미국 이민법 쉽게 알기–

1. 집 구하기

미국 도착 전 미국에 미리 살 곳을 정하지 않았다면, 제일 먼저 해야 할 일이 집을 구하는 일입니다. 앞에서 설명했던 내용 중 기숙사나 홈스테이 외에 주거지를 임대하여 살기로 결정할 경우에 대해 알아봅시다.

먼저 미국에서 집을 임대하는 방법은 크게 두 가지로 나눌 수 있습니다. 개인에게 임대하거나 아파트 회사를 통해 임대하는 것입니다. 개인에게 임대할 경우는 개인이 소유한 집(아파트/타운하우스/단독주택)을 주인과 직접 계약을 해 임대하는 방법입니다. Craigslist.com이나 신문의 'classified'란, 또는 부동산 에이전트를 통해 개인 소유 임대를 알아볼 수 있습니다.

개인적으로 만나서 집을 살펴보고 계약을 해도 되지만, 언어에 따른 불편과 여러 가지 불이익을 피하려면 믿을 만한 부동산 에이

전트를 통한 방법이 더 좋을 수도 있습니다. 부동산을 통해도 집주인이 복비를 지불해야 하므로 따로 드는 비용은 없습니다.

아파트 회사를 통한 임대는 회사에서 소유한, 전문적으로 관리해 주는 집을 임대하는 방법입니다. 학교에서 통학하기 편한 곳으로 정해 집 찾기를 시작하려면 일단 학교 인터내셔널 오피스에 문의해 보시고 그 외 apartment.com/rent.com/craigslist.com에서 임대 정보를 구할 수 있습니다. 가격, 위치, 주변 환경 등 자신의 조건에 맞는 아파트를 여러 군데 정한 다음, 먼저 이메일이나 전화로 예약하거나, 아니면 임대 오피스에 직접 방문합니다. 학교 근처에 있는 아파트들은 유학생들이 많이 거주하기 때문에 크레딧이 없더라도 학교 I-20와 그 외 적절한 재정 보증이 되면 입주를 허가해 줍니다.

대부분의 아파트에서 작은 애완동물은 추가의 비용을 받고 허가해 주지만, 개인에게 집을 빌릴 경우 애완동물을 못 키운다는 규정을 넣는 경우가 많으니 임대 계약 체결시 애완 동물에 관한 규정을 확실히 해두어야 합니다.

개인과 계약을 할 때는 집주인이 요구하는 가격을 그대로 계약할 필요는 없습니다. 특히 장기 계약 시에는 집값을 낮추어 계약하기도 합니다. 아파트 회사에서는 흔히 주 단위로 스페셜 딜을 내세웁니다.

2. 은행 계좌 개설

미국은 은행의 수가 매우 많고 그 규모도 천차만별입니다. 학교가 있는 도시에 가장 많은 은행이나 학교에 있는 은행을 선택하는 것이 편리합니다. 미국에서는 현금 사용보다는 은행 계좌에 연동된 현금 카드나 개인 수표를 사용해야만 하는 경우가 많아 필수적으로 당좌 예금 계좌(checking account)를 개설해야 합니다. 당좌 예금 계좌는 돈을 예치해 두면 수시로 입출금을 자유롭게 할 수 있고, 개인 수표를 발행할 수 있습니다. 'Saving Account'는 출금에 제한이 있으며, 이자가 있기 때문에 저축성을 목적으로 쓰입니다.

은행 계좌에도 종류가 많기 때문에 은행 상담원과 상의해서 가장 수수료가 적으며 본인의 상황에 맞는 계좌를 개설해야 합니다. 한국에 있는 은행과 연결되어 있는 은행일 경우, 송금 수수료 등에 해택을 받을 수도 있습니다. 은행 계좌는 본인 한 사람 명의로 할 수도 있지만, 부부 또는 자녀와의 공동 명의도 가능합니다. 은행 계좌를 개설하려면 신분 증명과 함께 예치금이 필요합니다. 계좌를 열고 나면 은행에서 우편으로 개인 수표와 직불 카드(debit card)를 보내 줍니다.

3. 운전 면허 취득

미국에서는 대도시 몇 곳을 제외한 대부분의 지역에서 운전은 필수입니다. 대중 교통 수단이 있지만 활성화되지 않아서 승용차가 없을 경우 많은 시간을 낭비할 수 있습니다. 운전 면허를 취득하기 위해서는 살고 있는 주의 운전 면허 관할 기관의 웹사이트에서 취득 조건과 구비 서류에 대해 알아 보아야 합니다. 대부분 필기 시험과 실기 시험으로 나눠져 있으며, 필기 시험 책자를 관할 기관에서 미리 받아 공부할 수 있습니다.

대부분의 주에서 모두 2가지 이상의 신분증을 요구합니다. 여권과 학생증을 준비하면 되고, 또한 I-20와 출입국 기록 카드(I-94), 거주지 증명 서류(임대 계약서 / 본인 앞으로 온 우편물 등)를 구비해야 합니다.

4. 자동차 구입

운전 면허를 취득한 후 자동차를 구입해야 합니다. 새차나 중고차 구입 시 유학생들은 사회보장번호가 없거나, 있더라도 신용이 없기 때문에 융자를 받기가 힘듭니다. 현금으로 차값을 모두 지불해서 살 수 있다면 편하지만, 그렇지 않은 경우는 대부분 미국 현지에서 신용 등급이 좋은 사람이 보증을 서 주어야 융자가 가능합니다.

5. 팁 제도

미국에는 식당, 호텔 등은 물론이고, 미용실, 택시 등을 이용할 때에도 팁을 내는 것이 관례입니다. 패스트푸드점과 같은 셀프서비스 업소를 제외하고는 기본적으로 10-15%의 팁을 지불해야 합니다.

물론 팁은 서비스에 대한 보상이기 때문에 서비스의 질에 따라 더 많이 줄 수도 있고, 아주 적은 팁을 지불하는 경우도 드물게 있기는 합니다. 또는 식당에 따라서 일행이 많은 경우 계산서에 팁을 미리 포함시키는 경우도 있으니 확인해 보아야 합니다.

6. 경찰

　　미국에서 운전 중에 경찰에게 걸렸을 경우 신중히 대처해야 합니다. 미국 경찰들은 총을 지니고 있으며 일반인들에게도 총기 소지가 허용되므로, 경찰 자신의 생명에 위협을 느낄 경우 발포를 합니다. 경찰이 뒤에 따라오며 세우라는 표시를 보이면 바로 차를 세워야 합니다. 주위가 어두울 경우에는 될 수 있는 대로 밝은 곳에 세우거나, 실내등을 켜는 배려를 해야 합니다. 차에서 내리면 절대로 안 되며 경찰이 다가올 때까지 양손을 운전대 위에 올려 경찰이 볼 수 있게 하는 것이 중요합니다. 백미러를 보고 경찰이 지시하는 대로 순순히 응해야 합니다. 혹시나 경찰에게 오해를 불러일으키는 어떠한 행동을 해서는 안 됩니다.

　　경찰이 운전 면허증과 차 등록증을 요구하면 천천히 하나씩 찾아주며, 옆 좌석 앞에 있는 수납장(glove compartment)을 열 때는 반

드시 그곳을 가리키며 열어도 좋겠느냐고 말해야 합니다. 그곳에
권총을 넣어 놓는 사람들이 많기 때문입니다. 경찰이 신원을 확인
하는 과정 중에 절대로 움직이지 않아야 합니다.

7. 건강 보험

미국 대학교에서는 모든 유학생들에게(J-1 & F-1) 건강 보험 가입을 요구합니다. 대부분의 학교들에서는 따로 통보하지 않고 보험비를 자동으로 학비에 포함시켜서 부과합니다. 많은 유학생들이 이미 학교 요구 사항에 맞는 유학생 보험에 가입된 상태로 미국에 와서, 학교에서 부과한 보험 비용까지 잘 알지 못하고 이중으로 보험 지출을 하고 있습니다. 이런 학생들은 학교에 일정 기간 안에 양식에 따라 서류를 제출하면 학교 건강 보험 비용을 면제받을 수 있습니다.

학교에서 요구하는 조건에 해당되는지 잘 살펴보고, 본국에서 유학생용 보험을 가입한다면 꽤 많은 비용을 절약할 수도 있습니다. 학교에서 자동으로 가입하게 되는 건강 보험은 각각 학교마다 보험 회사와 가격, 보험 혜택 범위가 다르므로 학교 웹사이트에서 미리 살펴본 후, 본국에서 드는 보험과 비교하여 결정하십시오.

미국에서의 건강 보험은 종류에 따라 약간씩은 차이가 있지만, 대부분 본인이 부담해야 하는 일정의 공제 금액(deductible)이 정해져 있고, 나머지는 보험 회사에서 지불해 주는 형태로 되어 있습니다. 그러나 본국에서 가입한 유학생 보험은 미국 내 보험과 달리 치료 비용을 미리 내고 나중에 일정 부분 보상받는 것이기 때문에 장단점을 잘 살펴보고 결정해야 합니다.

8. 사회보장번호와 신용

미국에서는 사회보장번호(Social Security Number)와 개인의 신용(credit)이 매우 중요합니다. 사회보장번호는 미국 정부에서 부여하는 번호로, 신용 거래, 부동산 거래 및 각종 신원 확인 작업 시 필요합니다.

처음 미국에 와서 겪게 되는 많은 불편함 중 대부분은 사회보장번호와 신용의 부재에 따른 것입니다.

그러면 사회보장번호와 신용은 어떻게 얻는 것일까요? 먼저, 예전과 달리 사회보장번호는 아무에게나 발급해 주지 않습니다. 학교에 등록하게 되면, 먼저 학교 유학생 담당 부서에 사회보장번호 취득에 대해 문의하는 것이 중요합니다. 대부분의 학교에서 적절한 사유를 만들어 편지를 발급해 주는데, 그 편지와 필요한 서류를 구비하여 사회보장국(Social Security Administration)에 제출하여 신청

합니다. 신청 후 상황에 따라 약간씩 차이를 보이지만 약 4-8주 내
에 신청서에 적은 주소로 카드가 발송됩니다.

번호를 얻게 되면 신용을 쌓아야 합니다. 일단 은행에서 제공하
는 'Secured Credit Card'를 신청해서 신용을 쌓을 수 있습니다.
'Secured Credit Card'는 일정 금액을 은행에 1년 정도 예치해 두
고 예치금만큼의 신용 한도로 신용카드를 사용하는 것입니다. 1년
정도 돈을 잘 갚으면서 카드를 쓰면 예치금을 돌려받고 보통 신용
카드를 발급받을 수 있습니다. 신용이 어느 정도 쌓이면 자동차 융
자 및 여러 신용 활동을 편하게 할 수 있습니다.

사회보장번호 신청 시 본인의 출생지와 생년월일을 명시하는
출생 증명서 또는 여권, 비자, 출입국 기록 카드(I-94) 등, 미국 내
체류 신분과 일을 할 수 있는 증명서를 지참해야 합니다. F-2를 소
지한 유학생의 동반 가족들에게는 사회보장번호가 발급되지 않습
니다. www. ssa.gov를 참고하십시오.

사회보장번호를 받기 위해 돈을 주고 불법적인 방법까지 동원
하는 경우도 있습니다. 그러나 합법적으로 영주권을 신청하는 과
정에서 만약 불법으로 받은 사회보장번호가 발견되면, 영주권 취
득에 문제가 될 수 있습니다. 따라서 불법적인 방법으로 사회보장
번호를 취득하는 것을 조심해야 합니다.

9. 범죄와 문화적 차이

　　미국에서는 가정 폭력(domestic violence)이 매우 심각한 범죄입니다. 한국에서는 부부가 싸울 수도 있다고 생각하지만, 미국에서는 부부 사이에 폭력이 행해질 경우, 심각한 형법 위반이 되며, 추방 대상의 범죄에 해당합니다. 부부가 싸우는 것을 보고, 이웃집 사람들이 신고하여 경찰이 출동하기도 합니다. 또한 아동 폭력이나 아동 학대(child abuse)도 미국에서는 용납이 되지 않습니다. 집에서나 공공장소에서 아이들을 때리는 것은 절대 금물입니다. 아이들을 혼자 방치하거나, 동물을 학대하는 것도 범죄가 되니, 조심하셔야 합니다. 한국 문화에서는 인정될지도 모르나, 미국에서는 범죄 행위라는 것을 잊지 말아야 합니다.

　　미국에서 음주 운전(DWI)은 갈수록 심각한 범죄가 되고 있습니다. 3회 이상 음주 운전에 적발되면 추방 가능성도 있습니다. 따라

서 법에 대한 문화적 차이를 잘 이해하여 법적 불이익을 당하지 않
도록 해야겠습니다.

10. 전문 변호사 선임

"다 안다는 것은 아무것도 모른다"는 말이 있습니다. 미국의 로펌을 방문하면, 변호사들이 각 분야별로 전문화되어 사건을 해결하고 있습니다. 미국에서는 반드시 그 사건 분야의 전문 변호사를 찾아 상담하고, 사건을 의뢰하는 것이 사건의 성패를 좌우합니다.

전문 변호사란 특정 분야의 법에 대한 전문 지식을 가지고 오랜 기간 동안 그 분야의 변호 업무 경력을 쌓은 변호사를 말합니다. 만약 비자에 관한 이민법 문제가 있을 때는 이민에 경험이 많은 이민법 변호사를 찾으면 성공률이 그만큼 높아질 수 있습니다.

상담을 하다 보면 사건 수속 결과를 개런티할 수 있냐고 간혹 묻곤 합니다. 그러나 아무리 이민법 변호사라 할지라도 개런티를 할 수는 없는 것입니다. 이민 사기에 연루된 사건을 살펴보면, 십중팔구 무조건 사건을 개런티해 주겠다고 장담한 곳에 의뢰한 것입니다. 사건의 성패는 법의 정확한 해석과 적용에 달려 있으며, 주어진 상황 속에서 최선을 다하면 좋은 결과를 기대할 수 있을 것입니다.

11. 변호사 상담

필자가 상담을 하며 가장 크게 느낀 것은, 상담을 하는 것이 아니라 보고를 하는 경우가 많다는 것입니다. 즉 변호사와 사전 상담을 통해 일을 처리하는 것이 아니라, 소문과 남의 말만 듣고 일을 어느 정도 처리한 다음에 보고하는 식입니다. 대부분의 경우는 일이 많이 꼬여 있거나, 사건에 손을 댈 수 없을 정도로 망쳐 놓은 예도 있습니다.

따라서 사건이 터지기 전에 변호사를 미리 만나 상담하는 것이 중요하고, 또한 변호사에게는 모든 사실을 전부 말하며, 변호사로 하여금 사건의 전체 내용을 충분히 이해하고 변호해 줄 수 있도록 조치해야 합니다.

변호사의 상담 내용이 자신이 원하는 답이 아닐 경우, 믿지 않으려는 경향도 있습니다. 따라서 어떤 경우에는 자신이 원하는 답을 해주는 변호사는 유능한 변호사가 되고, 그렇지 않으면 실력 없는 변호사가 되기도 합니다. 법의 내용을 상담해 주어도, 상담을 듣기보다는 자기 쪽으로 맞춰서 대답해 주길 바라는 것입니다. 이럴 경우, 상담을 해주어도 자기가 필요한 부분만 골라서 듣기 때문에 결국 나중에는 사건이 꼬이기 일쑤입니다.

"빨리빨리 해주십시오." "돈이 얼마가 들어도 좋으니, 빨리만 해주십시오." 이처럼, 상담 후 사건을 의뢰할 때 빨리 해달라는 주문도 자주 있습니다. 사건 의뢰인의 급하고 답답한 심정은 충분히 이해하는 바이나, 미국에서는 법적 절차를 밟아야 하고, 순서에 따라 사건을 진행해 주기 때문에, 일정한 시간이 요구됩니다. 따라서 무조건 '빨리'를 요구하기보다는, 상당한 소요 기간이 얼마나 되는지 문의하는 것이 중요합니다.

마지막으로, 상담을 하다 보면 문화적 차이에서 오는 편견을 접할 때도 있습니다. 예를 들면, 취업 이민을 신청할 때 남자들은 의례 남자만이 신청해야 하는 줄로 착각하는 경우가 많습니다. 그래서 남자가 조건이 안 될 경우, 부인이 대신 신청해도 된다고 하면 깜짝 놀라기도 합니다. 남녀 평등이 취업 이민에서도 적용되는 것을 경험하게 됩니다.

미국에서 변호사와의 상담 문화에 익숙하여, 원활한 법적 수속을 할 수 있길 기대해 봅니다.

12. 변호사 비용

　변호사를 선임할 때 고려해야 하는 것이 바로 변호사 비용입니다. 보통 변호사 비용은 시간제, 혹은 사건당 비용을 책정하기도 합니다. 이민 변호사의 경우, 일반적으로 사건당으로 가격을 정하고, 부수적으로 시간제를 적용하기도 합니다. 변호사의 비용은 사건의 난이도나 시간 소요 여부에 따라 달라질 수 있습니다.

　일반적으로 비자나 이민 수속의 경우, 이민국 수수료(filing fee)는 변호사 비용에 포함되지 않습니다. 또한 변호사의 전문성과 경력에 따라 변호사 비용에 차이가 있습니다. 그러나 사건 수임 비용이 터무니없이 비쌀 경우에는 몇몇 변호사 사무실과 비교 분석하는 것이 좋습니다. 또한 변호사가 아닌 비전문인의 비용이 예상 외로 높을 경우에는, 가격 이전에 신뢰도와 사건의 신빙성 등을 확인해 볼 필요도 있습니다.

판 권
소 유

전종준 변호사의 미국 비자, 미국 이민

2011년 5월 25일 인쇄
2011년 5월 30일 발행

지은이 | 전종준
발행인 | 이형규
발행처 | 프라미스

주소 | 서울 종로구 이화동 184-3
TEL | 02-745-1007, 745-1301, 747-1212, 743-1300
영업부 | 02-747-1004, FAX / 02-745-8490
본사평생전화번호 | 0502-756-1004
홈페이지 | http://www.qumran.co.kr
E-mail | qumran@hitel.net
　　　　　 qumran@paran.com
한글인터넷주소 | 쿰란, 쿰란출판사

등록 | 제300-2008-17호(2008. 2. 22)

책임교열 | 최진희 · 김향숙

값 10,000원

ISBN 978-89-93889-10-9 93230